中国文化经纬

中国古代人才观

朱耀廷 著

中国书籍出版社
China Book Press

图书在版编目(CIP)数据

中国古代人才观 / 朱耀廷著. -- 北京：中国书籍出版社，2021.1
中国文化经纬 / 王守常主编）
ISBN 978-7-5068-8141-8

Ⅰ.①中… Ⅱ.①朱… Ⅲ.①人才观—中国—古代
Ⅳ.①C96-092

中国版本图书馆CIP数据核字（2020）第230238号

中国古代人才观

朱耀廷　著

责任编辑	王　淼
责任印制	孙马飞　马　芝
封面设计	东方美迪
出版发行	中国书籍出版社
地　　址	北京市丰台区三路居路97号（邮编：100073）
电　　话	（010）52257143（总编室）　（010）52257140（发行部）
电子邮箱	eo@chinabp.com.cn
经　　销	全国新华书店
印　　刷	三河市顺兴印务有限公司
开　　本	635毫米×970毫米　1/16
字　　数	135千字
印　　张	16
版　　次	2021年1月第1版　2021年1月第1次印刷
书　　号	ISBN 978-7-5068-8141-8
定　　价	45.00元

版权所有　翻印必究

《中国文化经纬》系列丛书编委会

顾问 汤一介 杨 辛 李学勤 庞 朴
　　　 王 尧 余敦康 孙长江 乐黛云

主编 王守常

编委（按姓氏笔画为序）

　　　 王 平 王小甫 王守常 邓小楠
　　　 乐黛云 江 力 刘 东 许抗生
　　　 朱良志 孙尚扬 李中华 陈平原
　　　 陈 来 林梅村 徐天进 魏常海

总　序

二十世纪三十年代，陈寅恪先生在冯友兰《中国哲学史》下册的《审查报告》中说："窃疑中国自今日以后，即使能忠实输入北美或东欧之思想，其结局当亦等于玄奘唯识之学，在吾国思想史上既不能居最高之地位，且亦终归于歇绝者。其真能于思想上自成系统，有所创获者，必须一方面吸收输入外来之学说，一方面不忘本来民族之地位。此二种相反而适相成之态度，乃道教之真精神，新儒家之旧途径，而二千年吾民族与他民族思想接触史之所昭示者也。"今天读陈先生的话，感慨良多。先生所言之义：佛教传入中国，其教义与中国思想观念制度无一不相冲突。然印度佛教在近千年的传播过程中不断调适，亦经国人改造接受，终成中国之佛教。这足以告知我们外来思想与中国本土思想能够融合、始相反终相成之原因，在于"必须一方面吸收输入外来之学说，一方面不忘本来民族之地位"。这就是我们经常讲的,当下中国文化必须"返本开新"。如有其例外者,则是"忠实输入不改本来面目者,若玄奘唯识之学,虽震荡一时之人心,而卒归于消沉歇绝"。

我以为近代中国落后于西方,不应简单视为文化落后,而是二千多年的农业文明在十八世纪已经无法比肩欧洲工业文明之生产效率与市场资源的合理配置,由此社会政治、国家管理制度也纰漏丛生。由是而观当下之中国,体制改革刻不容缓,而从五四时代以来的文化批判也需深刻反思。启蒙运动对传统文化的批评固然有时代需求,未经理性拷问的传统文化无法随时代而重生。但"五四运动"的先贤们也犯了"理性科学的傲慢",他们认为旧的都是糟粕,新的都是精华,以二元对立的思考将传统与现代对峙而观,无视传统文化在代际之间促成了代与代的连续性与同一性,从而形成了一个社会再创造自己的文化基因。美国学者席尔思写了一部书《论传统》,他说:传统是围绕人类的不同活动领域而形成的代代相传的行为方式,是一种对社会行为具有规范作用和道德感召力的文化力量,同时也是人

总序

类在历史长河中的创造性想象的沉淀。因而一个社会不可能完全排除其传统，不可能一切从头开始或完全取而代之以新的传统，而只能在旧传统的基础上对其进行创造性的改造。此言至矣！传统与现代不应仅在时间序列上划分，在文化传承上可理解为"传统"是江河之源，而"现代"则是江河之流。"现代"对"传统"的理性诠释，使"传统"在"现代"得以重生。由此，以"同情的敬意"理解自己民族的文化传统是当下中国的应有之义，任何历史文化的虚无主义都要彻底摒弃。从"五四"先行者到今天的一些名士，他们对传统文化进行激烈批判，却也无法摆脱传统文化对自己的思维方式和价值观念的影响。这样的事实岂可漠视。

这套《中国文化经纬》丛书是在1993年刊行的《神州文化集成》丛书的基础上重新选目、修订而成。自那时到今天，持续多年的"文化热"、"国学热"，昭示着国人对自己民族文化的认同还处在进行时。文化决定了一个民族的性格，民族性格决定了一个民族的命运。中国文化书院成立至今已有30年了，书院同仁矢志不移地秉承着"让世界文化走进中国,让中国文化走向世界"之宗旨,不负时代的责任与担当。此次与中国书籍出版社合作出版这套丛书,期盼能在民族文化的自觉、自信、自强上有新的贡献。

王守常

2014 年 12 月 8 日

于北京大学治贝子园

目 录

总 序 ………………………………………………………… 1

第一章 先秦诸子谈立志、治学与成才 ………………… 1
    一、孔子谈立志、治学与成才 ………………………… 1
    二、志不强者智不达 …………………………………… 4
    三、善养吾浩然之气 …………………………………… 6
    四、荀子谈君子之志 …………………………………… 10
    五、《吕氏春秋》谈立大志、做"达士" ……………… 12
    六、儒生的共同奋斗目标——修身、齐家、治国、平天下
        ………………………………………………………… 17

第二章 先秦诸子论人才选拔的原则 …………………… 20
    一、不看身世尊卑，只看实际能力 …………………… 20
    二、不论资排辈，主要根据贤能选拔 ………………… 24
    三、不求全责备，看主流、看大节 …………………… 25
    四、不道听途说，对"毁誉"应调查分析 ……………… 28
    五、不以言貌取人，看其能力和品德 ………………… 29
    六、不计私仇，以大局为重 …………………………… 32

1

第三章　先秦诸子论人才的任用……………………… 36
　　一、德、才、功、能的关系…………………………… 36
　　二、得贤尽用之：扬长避短，用人不疑……………… 45

第四章　汉武帝选才用才之道…………………………… 53
　　一、广开才路，多种渠道选拔人才…………………… 54
　　二、雄才大略，不拘小节，破格用人，重赏轻罚… 60

第五章　两汉著名学者成才的启示……………………… 67
　　一、董仲舒重志，一心"以修学著书为事"………… 67
　　二、刘歆立志传播古文经……………………………… 71
　　三、父子兄妹同"志"，《汉书》终于问世………… 75

第六章　曹操的用人政策………………………………… 80
　　一、不拘一格，唯才是举……………………………… 80
　　二、胸怀宽广才能"天下归心"……………………… 89
　　三、只有集中人才的智慧，才能建立重大的功业… 93

第七章　刘劭的人才观和他的《人物志》…………… 101
　　一、人才的发现与鉴别……………………………… 102
　　二、人才的类别与使用……………………………… 106
　　三、人才的道德修养………………………………… 110

第八章　九品中正制对人才的影响…………………… 114

第九章　唐太宗李世民的用人之道…………………… 119
　　一、突破陈腐的用人原则…………………………… 119
　　二、正确处理德、才关系…………………………… 126
　　三、用人之长，不计其短，充分信任，用人不疑… 133

目录

第十章　唐宋诸家论成才用才之道……………………… 140
  一、韩愈为千里马呼吁…………………………………… 140
  二、韩愈、柳宗元谈成才之道…………………………… 145
  三、刘知几谈才、学、识………………………………… 149
  四、司马光的人才论……………………………………… 150
  五、王安石的人才思想及其实践………………………… 154
  六、朱熹论成才之道……………………………………… 157

第十一章　元朝选官途径和汉族儒生地位……………… 162
  一、民族主义、实用主义的选官制度…………………… 162
  二、学校的缓慢恢复和书院的半正规化………………… 167
  三、元代科举的时兴时废………………………………… 173
  四、元末农民战争中知识分子的分化…………………… 176

第十二章　明朝文官制度对人才的影响………………… 178
  一、官吏升迁制度对人才的影响………………………… 178
  二、考课制度对人才的影响……………………………… 190

第十三章　王夫之治学成才的启示……………………… 198
  一、入学之士，尚志为先………………………………… 198
  二、"博学审思"，"知行并进"………………………… 201
  三、继善成性，积渐成才………………………………… 205
  四、不怕得罪先儒，推故而图新………………………… 210
  五、一腔孤忠，发愤著述………………………………… 213

第十四章　康、雍、乾的人才思想和用人政策………… 217
  一、否定天才论，重视学习、实践……………………… 217

二、关于人才选拔的思想与政策 …………………… 219

三、关于人才考核、管理的主张和政策 ………… 227

出版后记 …………………………………………… 237

第一章　先秦诸子谈立志、治学与成才

一、孔子谈立志、治学与成才

鸟无翅不能飞，人无志不成才，有志者事竟成。人生在世，贵在选择生活目标；治学成才，则贵在立志。我国古代的大教育家、大思想家孔子及其弟子都十分强调立志在治学成才中的作用。

孔子生当春秋、战国之交，当时"礼崩乐坏"，社会正经历着一场剧烈的变革。为了能对社会有所贡献，孔子在少年时就立志治学成才，并为之奋斗终生。他说："吾十有五而志于学，三十而立，四十而不惑，五十而知天命，六十而耳顺，七十而从心所欲，不逾矩。"①《说文解字》说："志者，心之所之也。"立志，就是确定自己心目中的理想，为自己规定奋斗的目标和努力的方向。正因为孔子在十五岁时就立下了治学成才的雄心壮志，并且终身为之奋斗，因此才取得了"三十而立，四十而不惑"，"七十而从心所欲"的结果，使他成为一个古今中外闻名的大教育家、大思想家。

志当存高远。孔子认为，一个人应该树立远大的志向，他说："人无远虑，必有近忧。"②一个人如果没有远大的志向，必定会被眼前的鸡毛蒜皮的小事所烦恼。孔子企图建立一种符合于"仁"的理想社会，因此曾为他的弟子和社会上的读书人规定了一个宏伟的目标，即"志于道，据于德，依于仁，游于艺。"③他的弟子曾参也曾高度概括过孔子这一主张，说："士不可以不弘毅，任重而道远。仁以为己任，不亦重乎？死而后已，不亦远乎？"④孔子师徒认为，读书人应该志于仁，志于道，也就是把实现仁的境界当作自己的历史责任，努力为建立一个符合于"仁"和"道"的理想社

---

① 《论语·为政第二》。
② 《论语·卫灵公第十五》。
③ 《论语·述而第七》。
④ 《论语·泰伯第八》。

会而奋斗。这个任务是十分艰巨的,它不仅要求人们努力培养自己优良的道德品质和思想作风,而且要求人们努力掌握各种知识和才能技艺,还要求人们不停地奋斗,鞠躬尽瘁,死而后已。

不少事实告诉我们,一个人立志并不难,难的是为实现自己的志向而不停地奋斗,不达目的誓不罢休,这就需要坚强的毅力和意志。孔子说:"三军可夺帅也,匹夫不可夺志也。"[1] 他认为志向、意志对一个人的指挥作用能够超过三军主帅的作用。三军的主帅是可以夺取的,一个平民百姓的志向却不能强迫他改变。以上分析说明,治学成才不仅贵在立志,而且贵在守志不移。只有像"匹夫"那样志不可夺,像孔子那样十年、几十年坚守自己的志向,并不断为之奋斗,才有希望成为杰出的人才。那种言语的巨人,行动的矮子;那种只有三分钟热度,奋斗一阵子,在困难和挫折面前退却的人;那些朝三暮四、朝秦暮楚、兴趣经常转移的人,是不可能做出什么成绩,不可能成为杰出的人才的。

---

[1] 《论语·子罕第九》。

二、志不强者智不达

墨子在谈到修身问题时说过一句著名的话："志不强者智不达，言不信者行不果。"[①] 这既是墨家师徒治学成才的经验之谈，又是墨子对其弟子及世人的期望和鞭策。

墨子希望建立一种"兼相爱，交相利"[②]的社会秩序，为自己和他人提出了一个远大的奋斗目标："仁人之事者，必务求兴天下之利，除天下之害。"[③] 这是一种以天下为己任的思想。为了实现这一崇高理想，他大声疾呼："为贤之道将奈何？曰：有力者疾以助人，有财者勉以分人，有道者劝以教人。"[④] 大家有力出力，有财出财，有道者出智慧，共同解除"饥者不得食，寒者不得衣，劳者不得息"[⑤]的民之"三患"，努力建设一个"强不执弱，众不劫寡，富不侮贫，贵不傲贱，诈不欺愚"[⑥]的理想社会。

正是由于墨子具有这种崇高的理想，同情"农与工肆之

---

① 《墨子·修身》。
② 《墨子·兼爱下》。
③ 同上。
④ 《墨子·尚贤下》。
⑤ 《墨子·非乐上》。
⑥ 同④。

人"的不幸遭遇，因此从思想上就与儒家格格不入。尽管他早年接受过儒家的教育，又曾做过官，但他后来还是与儒家决裂了并另立新说，聚徒讲学，成为儒家的主要反对派。墨子反对儒家靡费民财、讲求繁琐礼义的"周道"，主张学习夏禹的刻苦行事，并且身体力行，"以裘褐（粗布衣）为衣，以跂蹻（草鞋）为服；日夜不休，以自苦为极"①，以"摩顶放踵而利天下"的精神去实现自己的理想，这正反映了他具有坚强的意志和超人的毅力。

墨子认为"官无常贵，而民无终贱"②，因此他不相信天命，认为"命富则富，命贫则贫"③是统治阶级对人民的欺骗。他明确歌颂"强"与"力"，主张应该"强力而行""强必治，不强必乱；强必贵，不强必贱；强必荣，不强必辱；强必富，不强必贫；强必饱，不强必饥；强必暖，不强必寒。"④总之，人们的富贵、温饱、荣辱，社会的治乱祸福，都建立在人类自我努力的基础之上，"赖其力者生，不赖其力者不生"⑤。

---

① 《庄子·天下篇》。
② 《墨子·尚贤上》。
③ 《墨子·非命下》。
④ 同上。
⑤ 《墨子·非乐上》。

这是一种人定胜天的思想。正是这种思想使墨子与其他学者划清了界限。另外，墨家学派具有严密的组织，形成了一个带有宗教性质的政治团体，他们的首领称为"巨子"，相当于教主，其门徒要绝对服从"巨子"的指挥。正如《淮南子·泰族训》所说："墨子服役者百八十人，皆可使赴火蹈刃，死不旋踵。"这是墨家学派区别于其他学派的另一个显著特点。

总之，墨子及其墨家弟子是一批志向远大、意志坚强的人；是一批言必信，行必果的人。因此他们不仅在当时名声显达，其学说号称"显学"，而且名扬后世，为后人提供了许多可供研究、探索的思想资料，他们治学成才的经验也对我们有不少启迪作用。

三、善养吾浩然之气

孟子和孔子一样，也十分重视立志问题。"善养吾浩然之气"[①]就是孟子有关立志问题的一句名言。有一次，齐宣王的儿子王子垫问孟子："士何事？"那些士人干什么事呢？孟子回答说："尚志。"王子垫又问："何谓尚志？"孟子

---

① 《孟子·公孙丑上》。

回答说:"仁义而已矣。……居仁由义,大人之事备矣。"①孟子认为,读书人一生中为之奋斗的应该是高尚的志向。什么叫高尚的志向呢?就是要立志行仁义。居仁之所,行义之路,时时处处为实现仁义而奋斗,一个胸怀大志的人的事业就算是完备了。

孟子认为,一个人树立了高尚的志向之后,还必须坚持这种志向,这就叫做"持志",而"持志"与一个人的思想、意气、感情包括兴趣、爱好又有着密切的关系。那些有利于"持志"的兴趣、爱好、思想、意气、感情需要在平时就注意积累培养,这就是孟子所说的"养气";那些不利于"持志"的兴趣、爱好、思想、意气、感情则要注意加以排除,这叫做"持其志,无暴其气"②,即坚持正确的志向,切不可只凭意气、感情用事。孟子与公孙丑曾经专门讨论过这一问题,孟子说:"夫志,气之帅也;气,体之充也。"③一个人有了远大的志向,就等于三军有了主帅,前进有了方向,而正确的思想、意气、感情则是一种充实体内的力量,是一个人实现自己志向的前进的动力。因此孟子又说:"志壹则动气,

---

① 《孟子·尽心上》。
② 《孟子·公孙丑上》。
③ 同上。

气壹则动志。①一个人的志向如果能够专一，就能影响、推动他的思想、意气、感情，而他的思想、意气、感情如果能够专一，也能反转来影响他的志向，有利于推动他的志向变成现实。

正因为"志"与"气"有如此密切的关系，孟子才进一步提出了一个命题："善养吾浩然之气。"②什么叫做"浩然之气"？孟子本人的解释是："其为气也，至大至刚，以直，养而无害，则塞于天地之间。"③这种气并非本来存在于自然界的精气，而是由人的主观意志培养出来的，它具有至大、至刚和正直的特点。如果不断地对这种气进行培养，不加妨害，它就可以充满于天地之间。这种"浩然之气"是与义和道配合而产生的，一个人具备了充满正义感的浩然之气，自然就能勇往直前；相反，如果缺乏义和道，缺乏正义感，这种人就会丧失前进的勇气。孟子指出，这种"浩然之气"是正义的思想言行不断积累的结果，而不是做了一两件正义的事情就能突然得到的。"养气"就是在日常生活中时时刻刻注意培养这种正义的思想、意气、感情乃至兴趣、爱好，日积月累，

---

① 《孟子·尽心上》。
② 《孟子·公孙丑上》。
③ 同上。

习以为常，才能逐步形成。这就是孟子所说的"善养吾浩然之气"的基本含义。

尽管孟子所说的"浩然之气"是一种主观的精神状态，但后世往往把这种"浩然之气"理解为一种最高的正气和节操。千百年来，中华民族的无数志士仁人正是在这种"浩然之气"的指导下修身、成才、团结奋斗的，做到了"富贵不能淫，贫贱不能移，威武不能屈"[1]。其中一些人甚至做到了杀身成仁，"舍生而取义"[2]。古代的文天祥从容就义时写下的血书"孔曰成仁，孟曰取义"，是对这种"浩然之气"的最好的注释；近代的谭嗣同等六君子昂首阔步走向刑场，伸颈就戮，又何尝不是受这种"浩然之气"的鼓舞呢？一个人的志向就是不可夺的，其气节就是不可侮的，他就不会被任何敌人、任何困难所压倒、所屈服，而一定能够战胜任何敌人和困难，做出一番惊天地泣鬼神的业绩。

---

[1] 《孟子·滕公文下》。
[2] 《孟子·告子上》。

四、荀子谈君子之志

荀子的《劝学篇》自古以来被人们视为治学成才的座右铭。正是在这一篇中,荀子提出了有关君子立志的一个重要命题:"无冥冥之志者,无昭昭之明;无惛惛之事者,无赫赫之功。"他认为,如果一个人没有暗中立下远大的志向,在认识上就不会有远见卓识,在学业上就不会有显著的成绩;如果不能埋头苦干,没有顽强的奋斗精神,在事业上就不能取得巨大的成就。

那么,一个人究竟应该立下什么样的"冥冥之志",在《修身篇》中,荀子对这一问题做出了正面回答:"以治气养生,则身后彭祖;以修身自强,则名配尧、禹。"彭祖,是古代传说中最长寿的人;尧、禹则是儒家心目中先王的代表、王道的化身。荀子认为,人们通过"治气养生"可以大大延长寿命,甚至可以追随于彭祖之后;通过"修身自强",则可以逐步成为与尧、禹等圣人齐名的人物。在《性恶篇》中,荀子进一步阐明了人人可以为尧、禹,人人可以为圣人的理论依据,他说:"无论什么人,只要能够积善而不息,则通于神明,参于天地矣。故圣人者,人之所积而致也。"

荀子不仅希望君子以圣贤为师,人人争做圣贤,而且希望君子全面发展,在《劝学篇》的结尾处荀子提出了另一个重要命题:"君子贵其全也。""君子知夫不全不粹之不足以为美也,故诵数以贯之,思索以通之,为其人以处之,除其害者以持养之。"由于学识不全面、不纯粹是不足以称为完美的,因此君子应该反复钻研、用心思索,借以弄通知识之间的前后联系,达到融会贯通,并且努力向一切内行的人们学习,努力实践,去掉那些有害的东西,培养有益的学识。"使目非是无欲见也,使耳非是无欲闻也,使口非是无欲言也,使心非是无欲虑也。"凡是不全面、不纯粹的东西,耳、目、心、口都不与它们发生关系,最后发展到能够自觉地去吸收那些全面发展的知识,"是故权利不能倾也,群众不能移也,天下不能荡也。生乎由是,死乎由是,夫是之谓德操。德操然后能定,能定然后能应。能定能应,夫是之谓成人。天见其明,地见其光,君子贵其全也。"君子经过这样全面发展之后,权力再大也不能使你屈服,人再多也不能使你改变意志,天下的任何事情都不能使你动摇。活着这样坚持去做,至死也不中途变卦,这就叫做优良的品德。有了这种坚定的优良品德,就能应付各种事变。这就叫做完美的人。就像天显其光明,地显其广大一样,君子则贵在全面发展。这就是荀子《劝学篇》的落脚点。

荀子指出，人们只要肯于按照他指引的方向进行学习、进行修养，就可以从"小人"的圈子里跳出来，成为"士"，成为"君子"，成为贤人和圣人。这些君子即使处在穷途末路也不会丧失其志向和气节，而在富贵发达时则会保持谦恭的美德，不骄横跋扈，做到"贫穷而志广，富贵而体恭，安燕而血气不惰，劳倦而容貌不枯"①，"穷处而荣，独居而乐"②。那些成为圣人、大儒的人们，对形势的发展更能应付自如、左右逢源，"通则一天下，穷则独立贵名。天下能死，地不能埋，桀、跖之世不能汙（污）。"③这就是说，人们经过努力学习，修身自强，总有一天会实现自己的志向，即使处在黑暗时代，他们的才能也不会被埋没。因此荀子希望，君子在任何情况下都不应放松对自己的要求，不应放弃自己的志向。

五、《吕氏春秋》谈立大志、做"达士"

《吕氏春秋》兼儒墨、合名法，历来被视为杂家之作。因为此书创作于秦始皇统一中国的前夕，所以作者在谈到立

---

① 《荀子·修身》。
② 《荀子·儒效》。
③ 同上。

志问题时，往往主张立大志，做"达士"，争取干一番伟大的事业。

在《有始览》的《谕大篇》与《士容论》的《务大篇》中，作者集中论述了立大志、干大事的主要理由。其一是说，立大志干大事即使不能完全实现，也可以干一番次大的事业，至少也能"成显名"而名扬天下。作者举例说："昔舜欲旗古今而不成，既足以成帝矣。禹欲帝而不成，既足以正殊俗矣。汤欲继禹而不成，既足以服四荒矣。武王欲及汤而不成，既足以王道矣。五伯欲继三王而不成，既足以为诸侯长矣。孔丘、墨翟欲行大道于世而不成，既足以成显名矣。"① 作者从以上历史事实总结出一条规律："夫大义之不成，既有成矣已。"即使最高目的不能实现，但毕竟还是实现了一部分。"故务在事，事在大。"② 因此，人们还是应该立志干大事业的。

其二是说，事业只有大到一定程度，才能出现根本性变化，出现奇迹，发生"祥瑞"。作者举例说：只有在大山中才会有虎、豹等猛兽，只有在深水中才会有蛟龙、鼋、鼍等。随后概括说："《商书》曰：五世之庙可以观怪，万夫之长可以

---

① 《吕氏春秋·有始览·喻大篇》。
② 同上。

生谋。空中之无泽陂也,井中之无大鱼也,新林之无长木也,凡谋物之成也必由广大、众多、长久。"① 只有广大、众多、长久,才能取得丰硕的成果、巨大的成就。作者在这里已经朦胧地发现了从量变到质变这一客观规律。

其三是说,一个人为人处世不能只考虑个人得失,而首先应该考虑国家兴亡、天下盛衰。作者在《士容论·务大篇》中指出"三王之佐,其名无不荣者,其实无不安者,功大故也。俗主之佐,其欲名实也与三王之佐同,其名无不辱者,其实无不危者,无功故也。"这些一般的国主的辅佐之臣们为什么会名辱、身危而无功呢?作者指出:"皆患其身不贵于其国也,而不患其主之不贵于天下也。此所以欲荣而逾辱也,欲安而逾危也",都是因为这些人患得患失,一心只考虑个人在本国的前途地位,而没有认真考虑他们的国主如何贵于天下。作者引用孔子的话说,这些人不过是一群目光短浅的燕雀而已:"燕爵争善处于一屋之下,母子相哺也,区区焉相乐也,自以为安矣。灶突决,上栋焚,燕爵颜色不变,是何也,不知祸之将及也。不亦愚乎!"② 这些燕雀一味追

---

① 《吕氏春秋·有始览·喻大篇》。
② 《吕氏春秋·士容论·务大篇》。

求妻子儿女眼前的安乐，只是一心一意经营自己的安乐窝，没有谁去关心、去顾及梁焚、屋倾、大祸将至的问题，这岂不是太愚蠢了吗？而那些做人臣的人们"免于燕爵之智者寡矣"，没有多少人比燕雀更聪明些，这些"为人臣者，进其爵禄富贵，父子兄弟相与比周于一国，区区焉相乐也。而以危其社稷，其为灶突近矣，而终不知也。其与燕爵之智不异。"①作者从此引申出一个重要的规律："故曰：天下大乱，无有安国；一国尽乱，无有安家；一家尽乱，无有安身，此之谓也。故细之安必待大，大之安必待小。细大贱贵，交相为赞，然后皆得其所乐。"②因此，一个人选择目标、确定志向、为之奋斗的出发点不应该是一己、一家之得失，不应该只考虑父子兄弟之安乐，而应该首先考虑国家的安危、天下的兴衰，应该"虑天下之长利"③，应该首先考虑天下的长远利益。

在《持君览·知分篇》中，作者站在道家的立场上提出：一个人为人处世的最高目标应该是做"达士"。"达士者，达乎死生之分。达乎死生之分，则利害存亡弗能惑矣。"一个人为义而生，为义而死，视死如归，不求苟活，这叫做"达

---

① 《吕氏春秋·士容论·务大篇》。
② 《吕氏春秋·持君览·长利篇》。
③ 同上。

乎死生之分"。一个人不为利生而遂苟活，不为害亡而辞死，这种人就叫做达士。像齐国的晏婴那样不死君难，"婴所不惟忠于君，利社稷是与"①；像楚国的孙叔敖那样，"三为令尹而不喜，三去令尹而不忧"②，这都是"达士"的表现。这些人对社会、对人生有了深刻的认识，无论什么名誉、地位、生死祸福都不能支配他们的行动，他们是人们做人的榜样，奋斗的目标。

《吕氏春秋》的作者站在以天下为己任的立场上，希望读书人立大志，干大事。又站在道家的立场上，希望读书人效法晏婴、孙叔敖等，争取做"达士"，成为"全德之人"。这是一种理想中的人，是一种全面发展的人，他们不仅耳聪、目明、口敏，具有各种特殊的才能，而且精通社会、宇宙的发展规律，能够容纳下天下的人和万物，不为现实生活中的富贵贫贱、生死祸福所干扰，能上能下，能官能民，不追求权势和地位。只有这种人才能以天下为己任，才能完成历史赋予他们的伟大使命。

---

① 《吕氏春秋·持君览·知分篇》。
② 同上。

六、儒生的共同奋斗目标
——修身、齐家、治国、平天下

修身、齐家、治国、平天下,是《礼记·大学篇》提出的进行大学教育的四个步骤,后来逐步成为封建社会儒生的共同奋斗目标。

《大学》是儒家论大学教育的文章,它提出了进行大学教育的完整体系,规定了大学教育的总目标、基本原则和教育程序,习惯上称为三纲八目。

《大学篇》开宗明义就提出了封建社会进行大学教育的三个纲领:"大学之道,在明明德,在亲(新)民,在止于至善。"作者认为,人出生时本来具有高尚的"明德",入世以后,"明德"被掩盖,需要经过大学教育,重新发扬明德,革新民心,达到道德完善的境地。这是大学教育的主要任务和基本目的。为了完成这一总任务,《大学》列出了教育具体的程序和步骤,即所谓八条目:格物、致知、诚意、正心、修身、齐家、治国、平天下。

《大学篇》认为:"自天子以至于庶人,壹是皆以修身为本。"这就是说,在八条目中,"修身"是根本,前四目"格物、致知、诚意、正心"不过是"修身"的方法,而后三目"齐家、治国、平天下"则是"修身"的目的。

孟子在讲到儒生的生活目的时曾经说过一句名言:"穷则独善其身,达则兼济天下。"① 这句话包含了《大学篇》的后四个条目:"修身、齐家、治国、平天下。"孟子认为,作为一个儒生在"不得志"之时,应该"修身见于世";在"得志"以后,则应该"泽加于民"②,即应该为治国、平天下尽忠效力。

《大学》提出的"修身"的标准即《大学》之三纲:"在明明德,在亲(新)民,在止于至善。"其中的"止于至善"即"为人君,止于仁;为人臣,止于敬;为人子,止于孝;为人父,止于慈;与国人交,止于信。"③ 这是儒家大学教育的最高目的,也是儒生自我修养的最高目标。笔者认为,一个人经过格物、致知、诚意、正心等几个步骤长期的修养,就可以排除忿懥、恐惧、好乐和忧患的干扰,逐步达到"止于至善"的境地,逐步成为一个符合最高的封建道德的完人。

"身修而后齐家。家齐而后国治。国治而后天下平。"④ 一个人只有修养好自己的品德,才有条件、有能力治理好一

---

① 《孟子·尽心上》。
② 同上。
③ 《大学》。
④ 同上。

个家族,"此谓身不修不可以修其家"①。要齐家就必须实行孝、弟、慈。孝是协调下辈对上辈的关系;弟是协调同辈之间长与幼的关系;慈是协调上辈对下辈的关系。笔者认为,这种孝、弟、慈的原则同样适用于协调国家中君与臣、臣与臣、君臣与民的关系,"孝者,所以事君也。弟者,所以事长也。慈者,所以使众也。"②一个儒生当有机会去治国时,则应该将齐家的原则运用到治国的实践中去。一个儒生一旦有机会处于"平天下"的地位时,则应该遵循儒家的忠恕之道,公平合理地对待一切人和事。尊重老人,敬爱长辈,抚恤孤儿。要能爱人,能恶人,要努力成为民之父母。要"慎乎德,不作聚敛之臣","不以利为利",而要"以义为利",首先考虑人民的得失,不能与民争利。

自从《大学》篇概括出封建社会大学教育的总目标之后,两千多年来,我国封建社会的知识分子大都自觉或不自觉地以"修身、齐家、治国、平天下"作为自己的生活志向和奋斗目标,按照封建统治阶级"修己治人"的原则去修身、去成长、去奋斗。应该承认,"修身、齐家、治国、平天下"这一目标,对我国古代知识分子的治学成才产生了十分重大的影响。

---

① 《大学》。
② 同上。

第二章　先秦诸子论人才选拔的原则

人才的得失去留，关系到事业的成败，每个有作为的当权者都应注意广泛地招纳人才、延揽人才、扩大人才队伍，即尽量做到"众贤"。招纳人才首先需要确定一个正确的标准，分清贤与不贤的界限，这是选拔人才的一个大问题。

一、不看身世尊卑，只看实际能力

根据出身门第选拔人才，这是奴隶社会的用人原则，当时叫做"亲亲"。历史发展到春秋战国时期，不少政治家与思想家又主张礼贤下士，叫做尊贤。在这个问题上，先秦诸子是有区别的。孟子继承了孔子的思想，既看出身，又看能力；既讲"亲亲"，又讲尊贤。他说："未有仁而遗其亲者也，未有义而后其君者也。"[1] 仁者不能忘掉"亲亲",义者不能忘掉事君。"国君进贤,如不得已,将使卑逾尊,疏逾戚"[2]。在一般情况下,国君用人应以"尊""戚"为准绳,即先用地位高的尊者和血缘关系近的亲族,只是在不得已的情况下才使出身卑贱者超过尊贵者,关系疏远者超过亲族。这种调和折衷的观点并非选拔人才的正确标准。

荀子反对根据家庭出身选拔人才,即反对"以世举贤"。他说:"先祖当贤,后子孙必显,行虽如桀、纣,列从必尊,此以世举贤也。……以世举贤,虽欲无乱,得乎哉?"[3] 因为祖先是贤者,子孙就必然高贵、显赫,即使他们的行为像桀、纣那样坏,也让他们位到尊贵的高官,这就叫做根据家世选拔贤才。用这种办法选才,虽然希望国家不混乱,也是无法做到的。他认为,"王者之政"应该与此相反,"虽王公士大夫之子孙也,不能属于礼义,则归之庶人。虽庶人之子孙也,积文学,正身行,能属于礼义,则归之卿相士大夫。"[4]

韩非指出,明主用人,不应看出身,不应瞧不起出身卑

---

[1] 《孟子·梁惠王》上。
[2] 《孟子·梁惠王》下。
[3] 《荀子·王制》。
[4] 同上。

贱的人。他说，观察一下历代明主所选拔的人，他们有的生活在川林沼泽深山之中，有的绑着绳索关在牢房里，有的做厨师、放牧或喂牛的工作，然而开明的君主并不因他们出身卑贱而看不起他们。因为他们确有能力，精通法律，能便国利民，所以照样选拔他们。为了反复申明这一观点，他举例说：伊尹曾做过厨子，百里奚做过陪嫁奴隶，但都取得了国君的信用。他们二人都是圣人，然而却不能不干卑贱的事直接获得官位，这是他们一段卑贱的经历。依我看，一个人虽然做过卑贱的事，但只要任用他可以振兴国家，这也不算智能之士的耻辱。

选拔人才也不能只看与个人关系的亲疏远近，而应看其是否真有才能。《荀子·君道》篇说：一个国君为了得到善射者、善御者，还悬贵爵重赏去招募，"内不可以阿子弟，外不可以隐远人"，谁合乎标准就选用谁。但在选拔卿相辅佐的问题上却不这样公道，专门任用左右亲信和吹牛拍马迎合自己的人，这不是大错而特错吗？然后，荀子结合历史事实分析了任人唯亲不仅不利于国家社稷，而且也不利于被任用者本人，他指出："故明主有私人以金石珠玉，无私人以官职事业，是何也？曰：本不利于所私也。"①明主可以私自给人金石珠玉，但却不私自送人官职事业，因为私自给官职，从根本上来讲是不利于他所偏爱的那个人的。"彼不能而主使之，则是主暗也；臣不能而诬能，则是臣诈也。主暗于上，臣诈于下，灭亡无日，俱害之道也"②。

墨子既反对奴隶社会流传下来的根据出身血统用人的"亲亲"原则，也反对当时还大量存在的根据个人关系的亲疏远近用人的原则，提出了比较彻底的尚贤路线。他指出富贵亲近不应以出身和个人关系为标准，而应以"义"为标准，"不义不富，不义不贵，不义不亲，不义不近。"③对那些不义的人，不应给他们优厚的俸禄，尊贵的职位，也不应和他们亲近，把他们放在身边，而应该学习古圣先王，十分重视尊尚贤者而任用有能力的人，"不党父兄，不偏贵富，不嬖颜色。贤者举而上之，富而贵之，以为官长；不肖者抑而废之，贫而贱之，以为徒役。"④又说："古者圣王之为政，列德而尚贤。虽在农与工肆之人，有能则举之。""故官无常贵，而民无终

---

① 《荀子·君道》。
② 同上。
③ 《墨子·尚贤上》。
④ 同上。

贱，有能则举之，无能则下之，举公义，辟私怨。"①这就是说，选拔人才应以德、义、才为标准，而不应有任何附加条件，既不能照顾自己的父兄，也不能偏爱那些有社会地位的贵家子弟，同时不能给自己喜欢的美貌妻妾之类开后门。一些人虽出身于农民或手工业者、小商人，但只要他们有能力，就应选拔他们。这才是真正的举公义、避私怨，才是符合圣王为政原则的"列德而尚贤"。

二、不论资排辈，主要根据贤能选拔

荀子说："贤能不待次而举，罢不能不待须而废，元恶不待教而诛。"②对于那些德才兼备的贤能者，不应按照通常的升官次序提拔，而应破格选用；对于那些软弱无能的人则要立即罢免；对于那些首恶分子，不待教育就应处死。只有这样，"则贤、不肖不杂，是非不乱。贤、不肖不杂则英杰至，是非不乱则国家治。"③"权谋倾覆之人退，则贤良

---

① 《墨子·尚贤上》。
② 《荀子·王制》。
③ 同上。

知圣之士案自进矣。"① 因为论资排辈主要看的是资历,没有德才的人可能会被提拔重用,有德才的人反而不能被选用,这就等于是非不明。不论资排辈,以德才作为唯一标准,才能做到不使优劣混杂,做到是非不乱,也才能招纳到更多的人才,把国家治理得更好。

三、不求全责备,看主流、看大节

人非圣贤,孰能无过。能否正确对待有缺点错误的人才,是能否选准人才的一个大问题。孔子在讲到选拔人才时说过一句著名的话:"赦小过,举贤才。"② 在《论语·微子》篇中,他又引用周公的话说:"故旧无大故,则不弃也。无求备于一人。"

对于一些老臣,如果没有严重的过失,就不要抛弃他,不要对人求全责备。在《论语·子张》篇中,子夏说:"大德不逾闲,小德出入可也。"在重大节操问题上不能越过界限,而小节有点出入关系不大。有一次,子贡曾说,管仲本是公

---

① 《荀子·王制》。
② 《论语·子路》。

子纠的师傅，公子纠被杀了，他却做了齐桓公的国相，这是不殉节，是不仁的表现。孔子认为："管仲相桓公，霸诸侯，一匡天下，民到于今受其赐。微管仲，吾其被发左衽矣。岂若匹夫匹妇之为谅也，自经于沟渎而莫之知也？"① 管仲对百姓对国家有很大功劳，没有他，我们就变成落后民族了，难道这不比像普通人那样守着小节小信吊死在山沟中好吗？这正说明管仲是个仁者。从而论证了立大功者不拘小节的道理。只有没有见识的小人才对别人求全责备。

荀子也反对求全责备，主张实行"兼术"："君子贤而能容罢（疲），知而能容愚，博而能容浅，粹而能容杂，夫是之谓兼术。"② 这就是说，作为一个君子，对别人要采取兼容并包的态度，自己有德有才但也能容纳疲弱不任事的人；自己有智慧但也能容纳比较蠢笨的人；自己知识渊博但也能容纳知识浅陋的人；自己有专门技能但也能容纳学无专长、杂而不专的人。西汉的东方朔进一步发挥了荀子的这一思想，他说："水至清则无鱼，人至察则无徒。"③ 水太清了连鱼也养不住，一个人对别人太苛刻了，就不会有多少追随者。

---

① 《论语·宪问》。
② 《荀子·非相》。
③ 《汉书》卷六五《东方朔传》。

只有"明有所不见,聪有所不闻,举大德,赦小过,无求备于一人"①,才能成为团结多数,带领大家前进的"君子"。

《资治通鉴》记载了一个子思向卫侯荐将的故事。子思认为苟变"其才可将五百乘",即可领三万七千五百人的军队,是个将才。卫侯却说苟变当官时吃过人家两个鸡蛋,不能任用他。子思说:圣人选用人才,就像木匠选用木材一样,选他的长处,避开他的短处。因此,几抱粗的杞梓即使有几尺腐朽了,好的木匠是不会把它全部扔掉的。现在您处在战国之时,选拔得力的战将,却因为他吃过别人两个鸡蛋就抛弃了这个能捍卫国家的将才,这种事可不能让邻国知道啊!

刘向在《说苑·政理》篇中讲了一个杨朱见梁王的故事。杨朱和梁王谈论治理国家的大事,谈得头头是道,梁王却说:你连大小老婆都管不好,有三亩园地也不会种,为什么讲治理天下的道理却这么透彻?杨朱回答说:"诚有之,君不见夫羊乎,百羊而群,使五尺童子荷杖而随之,欲东而东,欲西而西。君且使尧牵一羊,舜荷杖而随之,则乱之始也。臣闻之,夫吞舟之鱼不游渊,鸿鹄高飞不就污池,何则?其志极远也;黄钟大吕,不可从繁奏之舞,何则?其音疏也。将

---

① 《汉书》卷六五《东方朔传》。

治大者不治小，成大功者不小苟，此之谓也。"这说明，人才各有长短，尤其是那些杰出的人才，在一些生活小事上可能显得十分无能，但并不能因此而看不起他们，否则就会埋没人才。

四、不道听途说，对"毁誉"应调查分析

人言可畏。对人的褒贬议论自古有之。问题是如何对待这些议论。有一次子贡问孔子："乡人皆好之，何如？"子曰："未可也。""乡人皆恶之，何如？"子曰："未可也，不如乡人之善者好之，其不善者恶之。"后来孔子又说："众恶之，必察焉；众好之，必察焉。"这就是说对于一个人的评价，不能简单地根据世俗的毁誉下结论，而要进行认真的调查研究，看一看究竟是哪些人说好，哪些人说坏，如果好人都说好，坏人都说坏，那正是好人；如果大家都说好或大家都说坏就要进行具体分析。

《太公六韬·文韬》篇也记载过姜太公对这一问题的看法，他认为：国君之所以空喊"举贤"的口号而实际上选拔不出贤人，一个重要原因就是他们选拔人才的标准不正确："其失在君好用世俗之所誉，而不得真贤也。""君以世俗

之所誉者为贤，以世俗所毁者为不肖，则多党者进，少党者退。若是，则群邪比周而蔽贤，忠臣死于无罪，奸臣以虚誉取爵位，是以愈乱甚，则国不免于危亡。"因为有些人善于收买人心，用一些小恩小惠讨大家喜欢，或者拉帮结派，互相吹捧；而比较忠直的人出以公心，坚持原则，反而会得罪一些人，如果当权者不进行认真调查研究，只以所谓群众议论为标准，奸邪的人就会得势，忠正的人反而受害，这样只能造成混乱，甚至导致国家危亡。

五、不以言貌取人，看其能力和品德

孔子曾说，他生活的那个时代有个很大的毛病，就是以言貌衡量一个人才的优劣："不有祝鮀之佞，而有宋朝之美，难乎免于今之世矣。"[①] 祝鮀是卫国大夫，以能言善辩受到卫灵公重用。宋朝是宋国贵族，因长得漂亮受到卫灵公及其夫人南子的宠爱。孔子对此很以不为然，感到一个人不是能言善辩或长得不漂亮就在社会上难以立足，这是一种弊病。

实际上，孔子也曾犯过以言貌取人的错误，据《韩非子·显

---

① 《论语》。

学》篇记载：台子羽，君子之容也，仲尼几而取之，与处久而行不充其辩。故孔子曰："以容取人乎，失之子羽；以言取人乎，失之宰予。"这说明，判断一个人是不是君子不能只看他长得如何，还要看他行动；也不能只听他说得头头是道，还要看他是否真有智慧。孔子吸取了这个教训，对人说："始吾于人也，听其言而信其行；今吾于人也，听其言而观其行，于予与改是。"①看来圣人也会犯错误，但可贵的是他有自我批评精神并在实践中予以改正，后来，孔子又说："君子不可以言举人，不以人废言。"②

荀子专门写了《非相》篇，批判了唯心主义的相人术，指出了以貌取人的荒谬。他说："相形不如论心，论心不如择术。"③看一个人的容貌、体态，不如研究他的思想；研究一个人的思想，不如看他选择什么样的思想方法。"形不胜心，心不胜术。术正而心顺之，则形相虽恶而心术善，无害为君子也；形相虽善而心术恶，无害为小人也。"④明确指出身材的高矮、身材的胖瘦、相貌的美丑，都不能决定一个人思

---

① 《论语·公冶长》。
② 《论语·卫灵公》。
③ 《荀子·非相》。
④ 同上。

想品质的好坏和能力的大小。他举例说：卫灵公有个臣子名叫公孙吕，身长七尺，面长三尺，脸宽三寸，长得怪模怪样，然而却"名动天下"[1]。楚国的孙叔敖，头发短而稀少，左手长，右手短，身体低于车前的横木，"而以楚霸"[2]。"叶公子高，微小短瘠，行若将不胜其衣然，"但却平定了白公胜之乱，"定楚国，如反手尔，仁义功名著于后世。"[3]徐偃王眼睛能看到自己的额头，孔子披头散发，形象也很不雅观。周公长得像断了的枯树干一样，皋陶脸色青绿，像削去皮的瓜，文王的大臣闳夭脸上长满了胡须、看不见皮肤，传说是个驼背，伊尹没有眉毛、胡子，大禹、商汤都瘸着腿走路，尧、舜眼里有两个瞳仁。对于他们，是论意志，比学问呢？还是比高矮，分美丑，互相欺骗，互相傲视呢？古代也有人长得很体面，比如"桀、纣长巨姣美，天下之杰也；筋力越劲，百人之敌也。然而身死国亡，为天下大僇，后世言恶，则必稽焉"[4]。后代谈论坏人坏事，必然借鉴他们。他们遭到这样的下场，显然不是由于容貌不美造成的，而是由于他们知识浅陋，思

---

[1] 《荀子·非相》。
[2] 同上。
[3] 同[1]。
[4] 同[1]。

想境界卑下。由此可见，一个人是不是人才，与他的相貌无关，这就叫做人不可貌相，海水不可斗量。

关于观色的问题，韩非子用寓言的形式做了几个比喻：单看锻炼刀剑用的锡和冶铸时的颜色，就是铸剑能手欧冶也不能断定这剑的好坏；如在水中能砍鹄和雁，在陆上能砍断马足，就是一般人也不会怀疑这剑是锋利还是迟钝了。拨开马口，看看牙齿，再看看马的外形，伯乐也不能断定马的优劣；如果让马套上车拉着奔跑，直看它跑到终点，那么一般人也就不会怀疑这马的优劣了。于是他得出结论说："观容服，听辞言，仲尼不能以必士；试之官职，课其功伐，则庸人不疑于愚智。"[1]人们的言与行、才与貌往往会发生不统一的矛盾现象，听其言观其行，不以貌取人，这也是选拔人才的一个大问题。

六、不计私仇，以大局为重

齐桓公不计射钩之仇重用管仲，首霸天下；晋文公不计追杀之仇重用宦者履鞮，及时平定了内乱。这是不计私仇、

---

[1] 《韩非子·显学》。

重用人才的典型事例，诸子百家和《左传》等史书对这种做法都十分推崇。韩非子专门对这一问题进行了研究，认为这是圣君明主能够选拔人才，"可以明法"[1]的一个重要原因。《韩非子·外储说左下》记载说：解狐推荐自己的仇人做晋简公的国相，其仇人以为解狐要与他和好了，到解狐家去表示感谢，解狐"引弓迎而射之"，说：我之所以推荐你，是因为你有做相的能力。我与你有仇，这是个人私怨。我不因有私怨而不向国君推荐，这叫做"私怨不入公门"。邢伯柳也与解狐有私仇，解狐却推荐他为上党守，邢伯柳前去拜谢，解狐说："举子公也，怨子私也，子往矣，怨子如初也。"[2]这两个例子说明，个人恩怨与国家利益并不是一回事，与个人有私怨的人不一定就不是人才。只有出以公心，不计私仇，实事求是地选拔人才，才能不损害国家利益。这种"私怨不入公门"的原则还是值得提倡的，这就叫做识大体、顾大局。

还有一个重要的选拔人才的原则即"内举不避亲，外举不避仇"，曾受到先秦诸子的推崇和肯定，并被历代当权者沿用，直到今天还有很大影响。《韩非子》记载了两个故事，

---

[1] 《韩非子·外储说左下》。
[2] 同上。

说明这一原则是出以公心。一是赵武推荐仇人邢伯子任中牟令，晋平公感到奇怪，问：邢伯子不是你的仇人吗？赵武说："私仇不入公门。"晋平公又让推荐中府令的人选，赵武说："臣子可。"晋平公又十分惊奇，赵武说："外举不避仇，内举不避子。"[1]叔向认为赵武"所举士也数十人，皆令得其意"。他不愧为一个贤臣。二是祁黄羊辞退中军尉职务时，晋悼公问谁可继任？祁黄羊推荐了解狐，晋悼公说：解狐不是你的仇人吗？祁黄羊说：你问我谁能任职，没有问是否仇人。后来，悼公又让祁黄羊推荐一个领兵的将才，祁黄羊推荐了祁午。晋悼公说：祁午不是你的儿子吗？祁黄羊说：您问我谁可胜任，没有问谁是我的儿子。据说二人任职后都忠于职守，受到人们赞扬。孔子对这件事也十分欣赏，说："善哉，祁黄羊之论也！外举不避仇，内举不避子，祁黄羊可谓公矣。"[2]认为祁黄羊是个大公无私的人。韩非子则说："内举不避亲，外举不避仇，是在焉从而举之，非在焉从而罚之。"[3]认为选拔人才的标准是看他们是否赞成法制，有没有才能，能否为主所用，符合这些标准的，不管仇人或亲人都应选拔，

---

[1] 《韩非子·外储说左下》。
[2] 《吕氏春秋·去私》。
[3] 《韩非子·说疑》。

不符合这些标准的则应处分。也就是说,这是出以公心,实事求是的用人原则。

但《吕氏春秋·去私》记载的祁黄羊的故事,与韩非子的记载略有出入,是说祁黄羊推荐仇人解狐做南阳令,推荐自己儿子做军事长官。虽然作者认为祁黄羊是出以公心,是"外举不避仇,内举不避子"。但从这一记载分析,祁黄羊的"内举""外举"都值得研究。国家的军事长官,军权在握,权高位重;南阳令不过是边疆地区一个小小的县令。边远地区的无足轻重的小官推荐仇人去做,职高权重的军事长官却留给自己的儿子,这怎么能说是大公无私呢?因此有人说:祁黄羊的"外举",实为"去仇";他的"内举",实为藏奸。[1]在我国两千年的封建社会中,不少人以祁黄羊做榜样,实际上一直在搞"内举","一人做官,鸡犬升天",大搞荫袭制、裙带风,这正是奴隶社会世卿世禄制的流毒。

---

[1] 王若谷《人才研究》1986年第11期。

第三章　先秦诸子论人才的任用

人才的选拔与任用有着密切的关系，选拔时要考虑任用，任用后还要继续选拔，互相之间有一定交叉。但选拔与任用毕竟是有区别的，这里主要讲德、才、功、能的关系，量才录用和扬长避短问题，对人才的信任与控制的问题等。

一、德、才、功、能的关系

（1）重德的用人政策

先秦各家对"德"的理解不尽相同，但在用人上一般都强调"德"，把政治标准放在第一位。这是西周初年重德保民思想的继承和发展。《大戴礼·文王官人》规定了"九用"任才法，几乎每一类官员都强调政治标准第一，即公正、仁义、有智谋的人，才可做国家官员和地方长官；仁慈、厚道而懂得事理者，可做乡邑的负责人，管理民间事务；正直、忠诚有信用的人，可做纪律检查官员；公正、求实、善于鉴察者，可做刑法官员及掌握机要文件的近臣；遇事廉洁奉公的，可做财务官员；能谨慎鉴察并廉洁公正者，可负责分配财物、经营商业，主管赏赐工作。九类官员中只有农业、手工业及外事工作官员没讲政治条件，军事将帅也突出了勇敢刚毅。应该承认，这是一种以德为本，以政治统帅业务的用人政策。

老子作《道德》篇，其政治标准是爱民；孔子讲"为政以德"，"骥不称其力称其德也"[1]，"骥"即好马，比喻杰出的人才，也是将德，将仁、义、礼放在首位。孟子主张实行仁政，讲"民为贵"，认为"君子所以异于人者"，"以仁存心，以礼存心"[2]。君子的首要条件也是仁和礼。墨家所说的贤者，首先要重道，要讲兼爱、非攻，要为人民兴利除害，也是将德放在首位。管仲在《立政》篇中说："君子所慎者四：一曰大德不至仁，不可以授国柄。"[3] 不仅讲德，而且只有大

---

[1] 《论语·宪问》。
[2] 《孟子·离娄下》。
[3] 《管子·立政》。

德达到了仁的境界，才能掌握国家大权。荀子也主张"论德以定次"①，即爵位、次序按德排列，突出的也是政治标准。法家所讲的德与儒墨不同，认为只有变法改革才是"至德"，明法、尊君才符合德的标准，用人时也是首先考虑德。

（2）察能授官，使能力与职务相当

"能"主要指实际工作水平和完成任务的能力。它与才、学、识有关，但主要表现在实际工作中。《管子·权修》篇就提出："察能授官"，认为这是任用人才的总原则。管子还说："授事以能，则人上功。"②"毋与不可，毋强不能，毋告不知。与不可，强不能，告不知，谓之劳而无功。"③又说："无论能之主，则无成功之臣。"④只有根据人们的实际能力分配任务，人们才能积极争取立功。不要交给他不可做、不能做或他不了解的工作。因为那叫勉为其难，强不能为能，强不知为知，结果只能劳而无功。如果用人政策不讲才能，就不会有为国家建功立业的臣子。

墨子也主张因能授官："圣人听其言，迹其行，察其所

---

① 《荀子·君道》。
② 《管子·问第》。
③ 《管子·形势》。
④ 《管子·法法》。

能而慎予官。此谓事能。故可使治国者使治国，可使长官者使长官，可使治邑者使治邑。"① 这里所说的"察其所能"即了解他有什么特长、有多大能力，然后才授以官职。能力大的做国家级官员，能力中等的做地方长官，能力低的做基层官员，官职的大小要与能力的大小相当。他说，如果一个人本来能力不强，"不能治百人者，使处乎千人之官；不能治千人者，使处乎万人之官"②，人为地加官十倍，结果是有其位而无其能，有其职而无其才。这个道理本来是显而易见的，墨子进一步做了分析，"夫治之法将日至者也，日以治之，日不什；知以治之，知不什益。"人们做工作就凭一天的时间，凭自己的知识才能，时间和才能不会一下子增长十倍，"而予官什倍"，势必会"治一而弃其九"，"虽日夜相接……犹若不治。"③ 人们的才能高低不同，"尚贤使能为政而治"，"以下贤为政而乱"，有能者为政自然得治，无能者为政自然会搞乱，所以应该"量能予官"④。

---

① 《墨子·尚贤中》。
② 同上。
③ 同①。
④ 同①。

荀子也主张"无能不官","尚贤使能,而等位不遗"[①]。没有能力的人不能任命为官吏,对于贤能者所给的等级地位要与他们的贤能程度相当。根据能力授官,使大家能担负各自的任务,各得所宜,并根据贤能程度的高低分别任命为三公、诸侯、士大夫等。他主张整个用人制度都应根据这个原则确定。"使贤不肖皆得其位,能不能皆得其官,万物得其宜,事变得其应",就能收到"言必当理,事必当务"的效果[②]。假如不这样做,"能小而事大,辟之是犹力之少而任重也,舍粹折无适也。""忠臣诚能,然后敢受职,所以为不穷也。"[③]能力小而任重职的人,除了粹骨折腰再没有其他的出路。臣子按自己的能力接受职务才不至于陷入困境。"分不乱于上,能不穷于下,治辩之极也。"[④]君主安排等级名分不混乱,臣子按能力接受职务也不至于陷入困境,国家的治理就达到最好的地步了。

(3) 以功授官政策的出现

"以功授官"与以能授官是有区别的。"功"是指某方

---

① 《荀子·王制》。
② 《荀子·儒效》。
③ 同上。
④ 同②。

面的功劳，如战功，即贡献的大小；"能"是指工作能力。有功劳的人会有一定能力，如立有战功的人有打仗杀敌的能力，但并不一定有其他能力，如政治工作、技术工作的能力；有能力的人可能会立功，但也不一定都能立功，尤其不一定立战功。因此以功授官与以能授官还是有区别的。主张以功授官的主要是法家，但也有个发展过程。李悝在魏国变法，提出的任官原则是"食有劳而禄有功，使有能而赏必行"①。前一句是讲把爵禄授给对国家有功劳的人员，基本上属于以功授官的范畴，但并未局限于战功，还包括其他"劳"绩。后一句是说根据才能的大小分派职位，完成任务好就加以赏赐，这又属于以能任职了。申不害在韩国改革，提出"因任而授官，循名而责实"②，是根据官吏的职务，看一个人能否胜任，名实相符的才授予官职，主要还是看实际能力。只有商鞅变法时才明确规定"国以功授官予爵"③，"论劳举功以任之"④，并论证说："国以功授官予爵，此谓以盛知谋，以盛勇战。以盛知谋，以盛勇战，其国必无敌。国以功授官

---

① 《说苑·政理》。
② 《韩非子·定法》。
③ 《商君书·靳令》。
④ 《商君书·算地》。

予爵，则治省言寡，此谓以法去法，以言去言。"①这里的"功"就是指战功。他认为，国家以战功授给官职和爵位，就是鼓励那些有智谋、作战勇敢的人为国出力，这样就能无敌于天下。而且政事比较简化，空话也会减少，国家比较容易治理。秦国的二十级军功爵就是在这一指导思想下制定的。

（4）如何处理德、才、功、能的关系

德、才、能是人才的思想品德、学识水平和实际能力，功则是人才所做的贡献，四者既有统一性，又有矛盾性。任用人才时，如果片面强调了某一方面，而忽视了其他方面，必然会出现偏差。为了正确解决这个问题，先秦诸子和政治家们也进行了一些探讨。管子、墨子、荀子都主张任用人才时，对这四个方面要统一考虑。管仲说："君之所审者三：一曰德不当其位，二曰功不当其禄，三曰能不当其官。此三本者，治乱之原也。故国有德义未明于朝者，则不可加于尊位；功力未见于国者，则不可授以重禄；临事不信于民者，则不可使任大官。"②这里提出的原则是"爵授有德，禄与有功"③，

---

① 《韩非子·定法》。
② 《管子·立政》。
③ 《管子·问第》。

官授能者。又说:"有功必赏,有罪必诛"①,"使贤者食于能,斗士食于功。"②这里又提出了对有功人员应进行赏赐。而对"贤者""斗士"又加以区别,这是两类人才:即政治人才和军事人才,政治人才"食于能"即根据能力授官;军事人才"食于功"即根据战功受赏。这实际上已对"能"与"功"、"官"与"赏"作了较严格的区别。

墨子讲得更加明确,在《尚贤》上篇中他说:"以德就列,以官服事,以劳殿赏,量功而分禄。"又说:"故虽有贤君,不爱无功之臣;虽有慈父,不爱无益之子。是故不胜其任而处其位,非此位之人也;不胜其爵而处其禄,非此禄之主也。"③这里提出的原则是根据政治思想条件排列官吏的次序,根据办事能力的大小分派一定的官职,根据劳绩确定赏赐的多少,根据功确定俸禄,即生活待遇的高低。同时又提出"不胜其爵而处其禄"的问题,也就是主张有功的人可以有俸禄,也可以有爵位,但并不一定能担任官职。爵是名义,职却是实权,要担任实际职务。

荀子的主张与墨子有些类似,在《王制》篇中,他说:"王

---

① 《管子·七法》。
② 《管子·法法》。
③ 《墨子·亲士》。

者之论,无德不贵,无能不官,无功不赏,无罪不罚。朝无幸位,民无幸生。尚贤使能,而等位不遗;折愿禁悍,而刑罚不过。"在《君道》篇中则说:"论德而定次,量能而授官。"他只是主张赏功,未提对立功者授予爵位、俸禄的问题。

如何处理德、才、功、能的关系,在整个封建社会都有争论。各朝各代也有不同的政策,管仲、墨子、荀子的主张基本上是正确的。他们强调德才兼顾,既突出了政治的重要地位,又不主张只根据思想品德授官,在能力相同的官员中,思想品德好的可以列于尊位,但分配什么职务却要看实际能力。尤其是将"功"与"能"严格区分开来,认为对有功劳的人有的只能进行赏赐,有的只能享受一定荣誉,可以给一定爵位和俸禄,但并不能担任具体的官职,这就可以避免商鞅的"以功授官予爵"的弊病。后代的王朝,有的吸取了这些经验,有的却没有重视。如西汉初年实行功臣政治就是以功授官予爵,出现不少问题;东汉刘秀则只给功臣爵位和俸禄,不给实职实权;曹操实行任人唯才;有的朝代又片面强调思想品德,这都有一定片面性。

二、得贤尽用之：扬长避短，用人不疑

战国时法家尸佼曾参与秦国的商鞅变法，著有《尸子》一书。尸佼提出了一个任用人才的重要理论——"得贤尽用之"。他说：一个国家之所以治理不好有三个原因，"不知用贤，此其一也；虽知用贤，求不能得，此其二也；虽得贤，不能尽，此其三也。"[①]这里提出一个问题，即如何才能充分发挥人才的作用。得贤不能用与无贤同，用贤不能尽也无济于大事。要做到得贤尽用之，有两个问题必须注意，一是扬长避短，二是用人不疑。

（1）任其所长，不任其所短

尺有所短，寸有所长，万物不齐，才有高下，这是不以人们的意志为转移的客观事实。为了充分发挥人才的作用，先秦的政治家、思想家们提出了一个著名的用人原则："任其所长，不任其所短。"

最早提出这一原则的是齐国的管仲，他说："明君之举其下也，尽知其短长，知其所不能益，若任之以事。贤人之臣其主也，尽知短长与身力之所不至，若量能而授官。上以

---

① 《尸子·发蒙》。

此畜下，下以此事上，上下交期于正，则百姓男女皆与治焉。"①这种扬长避短的原则不仅用人者应该掌握，被用者也应从自己的实际情况出发，不接受自己不能胜任的官职，这样才能做到才当其任，达到功成事立的效果。否则就无异于让猿猴司礼义，让人去攀绝壁。

《晏子春秋》记载了齐景公与晏子的一次谈话，景公问古代圣王用人有什么经验，晏子说："地不同生，而任之以一种，责其俱生不可得；人不同能，而任之以一事，不可责遍（偏）成。责焉无已，智者有不能给；求焉无厌，天地有不能赡也。故明王之任人，谄谀不迩乎左右，阿党不治乎本朝。任人之长，不强其短，任人之工，不强其拙。此任之大略也。"②他指出地不同生、人不同能是客观规律，这就是说土地各有所宜，种地要因地制宜，人们也各有长处和短处，各有不同的才能，用人就是用他们的才能，而不能强迫他们去做那些做不到的事。

郑国的名相子产就很注意这个问题，他发现了四个各有特长的人才："子羽能知四国之为"，"而又善为辞令"；"裨

---

① 《管子·君臣上》。
② 《晏子春秋·内篇问上》。

谌能谋",且"谋于野则获,谋于邑则否";"冯简子能断大事";"子大叔美秀而文"。"郑国将有诸侯之事,子产乃问四国之为于子羽,且使多为辞令;与裨谌乘以适野,使谋可否;而告冯简子,使断之;事成,乃授子大叔,使行之,以应对宾客。"由于子产发挥了这些人的特长,因此"鲜有败事"。《左传》的作者评论说:"子产之从政也,择能而使之。"[①]这正是"任人所长,不任人所短"原则的具体运用。

齐国的名士鲁连,也曾向孟尝君讲过这一道理,他说:善于攀援树木的猿猴,如果处于水中,不如鱼鳖。日行千里的良马,要历险乘危,就比不上狐狸。曹沫奋三尺剑而劫齐桓公,迫其归鲁侵地,"一军不能当",但让他放下手中剑,而操锹镐耕地,那肯定不如农民。如果这样用人就叫做舍其所长,责其所短,"物舍其所长,之其所短,尧亦有所不及矣。"[②]

（2）用人不疑和执势、用术任贤

用人不疑,疑人不用,这是使用人才的又一个原则。但也有一个相反的原则,即韩非提出的执势、用术任贤的原则,这是不信任臣下控制臣下的原则,这个对人才的信任与控制

[①] 《左传》襄公三十一年。
[②] 《战国策·齐策三·孟尝君有舍人而弗悦》。

问题也是个很值得研究的问题。

"用人不疑"和"疑人不用"是一个问题的两个方面，它建立在臣子对君主或对事业的绝对忠诚，和君主对臣子完全了解的基础上。只有被用的人不是可以被怀疑的人，而用人者又能对他绝对相信，这才会出现用人不疑的事迹。比如，魏文侯明明知道乐羊的儿子乐舒在中山国做官，却偏偏派乐羊去进攻中山。因为他通过大量事实和别人的介绍，知道乐羊忠于自己的事业，会大义灭亲，而且有杰出的军事才能。当乐羊包围中山国后，中山国王果然派乐舒前去讲情，希望乐羊退兵。乐羊反而把乐舒批评了一顿，说他不应到这样的国家做官。这时朝内外有许多人写信给魏文侯，说乐羊对中山国围而不攻，是看了他儿子的面子，是徇私情，误了国家大计，建议魏文侯临阵易将。魏文侯毫不动摇。中山国王一气之下杀死乐舒，并煮成肉粥给乐羊送去，乐羊竟不动声色，一饮而下，然后对中山发动总攻，终于灭掉了中山国。乐羊得胜回朝后，魏文侯赏给他一个箱子，打开一看，里面并非金银财宝，而是朝臣攻击乐羊的奏折密信。从此，乐羊进一步认识到，"中山之举也，非臣之力，君之功也。"只有国君用人不疑，他这个被别人怀疑的统帅才有可能取得成功。这就是流芳百世的魏文侯"藏书任将"的故事，它确实反映了魏文侯有知人之明和不为舆论动摇的政治家风度[1]。

齐桓公放手任用管仲，实际上也属于用人不疑，这则是由于桓公的师傅鲍叔与管仲有生死之交，有深入的了解。从以后的大量实践中，桓公进一步看到管仲的杰出才能和对事业的无限忠诚，这种君臣之间、用人者和被用者之间的了解和信任是十分可贵的。《说苑·尊贤》篇记载了桓公与管仲的一次谈话，桓公问管仲：怎样才算害霸？即怎样就会危害自己的霸业。管仲说："不知贤，害霸也；知而不用，害霸也；用而不任，害霸也；任而不信，害霸也；信而复使小人参之，害霸也。"这五个问题都是有关用人政策的问题，它说明只有知人才能善任，只有知人也才能用人不疑，才能不使小人参之。因此用人不疑首先要做到对人才的真正了解。

如何正确对待某些人对人才的诽谤攻击，也是能否做到用人不疑和不失掉人才的一个大问题。管仲说："毋监于谗言。毋听谗，听谗则失士。"[2] 谗言，即在君主或其他当权者面前说别人的坏话。这种爱说别人坏话的人古已有之，至今并未绝种。对于那些毁谤贤才、称誉坏人的人，切不可任命

---

[1] 《战国策》卷二二《魏策一·乐羊为魏将而攻中山》；《说苑》卷六《复恩》。
[2] 《管子·宙合》。

他们做大官，否则就要坏大事。管仲说"信小人者失士"①，"群徒比周之说胜，则贤不肖不分"②。这些小人总好拉帮结派，结党营私，攻击别人，抬高自己，吹捧自己的狐朋狗友，颠倒是非，混淆黑白，蒙蔽当权者。让这种人得势，自然会"失士"，在这些人得势的地方，真正的人才不需被别人赶走，也会自己主动离去。这种局面不改变，哪里还谈得上什么用人不疑呢？荀子也说："世之灾，妒贤能。"③又说："士有妒友，则贤交不亲；君有妒臣，则贤人不至。蔽公者谓之昧，隐良者谓之妒，奉妒昧者谓之交谲。交谲之人，妒昧之臣，国之秽孽也。"④"交谲之人"即诡诈、欺狂之人。国君身边有一批这种蔽公、隐良的妒昧、交谲之臣，耳边听到的都是对贤良的坏话，这就更难做到用人不疑了，因此荀子说这是国家的一种灾难。

在先秦诸子中只有韩非子不讲"用人不疑"。他用大量篇幅论证了：所谓贤者、智士本来就是不可信任的。国君要加强集权，臣下也会想法揽权，国君只有执势、用术任贤，

---

① 《管子·牧民》。
② 《管子·乘马》。
③ 《荀子·成相》。
④ 《荀子·大略》。

才能真正地控制住人才，而仁义道德、君臣之间的互相信任都是不可靠的。所谓"势"即指国君要牢牢掌握国家政权；"术"则是指驾驭臣下的手法。韩非子说："任人以事，存亡治乱之机也。无术以任人，无所任而不败。"他指出："智士者，未必信也"，"以智士之计，处乘势之资而为其私急，则君必欺焉。""任修，则君事乱。"[①] 如果不执势、任术，任用智者就可能受骗，任用唯唯诺诺的人则会把事情搞乱。因此还得任用这些不可信任的智者，这是主张疑人可用。用他们的目的是为了用其才能智力，以促进自己的事业，这就需要防止他们欺骗，用一些手法拆散他们的朋党，使他们不能以权谋私，这则是公开主张"用人应疑"。不仅应疑，还应有办法对付。这就是韩非子设计的用法、术、势控制人才的政策。在以后的封建社会中，尽管不少封建统治者也大讲什么仁义道德，大讲用人不疑，疑人不用，实际上不少朝代的君臣之间都不是这种互相信任的关系，而是像韩非子说的那样，是君用爵禄与臣市（做买卖），臣用才能与君市的互相利用的关系。天子为了建立并巩固自己的家天下，需要广泛网罗各种人才，各种人才为了寻找政治和生活出路，需要

---

① 《韩非子·八说》。

将自己学到的文武艺售予帝王家，也希望得到更多政治权利和经济利益。天子担心权臣篡夺政权，威胁自己的统治，就必然设立各种制度削弱大臣的权力，并网罗一批耳目爪牙多方对臣下进行监督，一旦矛盾不可调和时就会大动干戈，或者出现大杀功臣的悲剧，或者出现宫廷政变，改朝换代。真正的用人不疑和疑人不用只是在少数有作为的皇帝掌权时才出现过。即使在这种情况下，皇帝也不可能做到对所有大臣的用人不疑，而对于那些怀有野心的奸臣本来就应该怀疑，而且还应大力防范。韩非子提出的防范臣子作奸作恶的理论并不是完全没有道理。

第四章　汉武帝选才用才之道

汉武帝时期是西汉王朝的鼎盛时期，也是我国封建社会一个蓬勃发展的时期。正是在这个时期出现了中国统一之后第一次人才繁盛、人才辈出的局面，如经学家董仲舒，史学家司马迁，文学家司马相如，经济学家桑弘羊，军事家卫青、霍去病、李广，外交家张骞，天文学家唐都、落下闳，农学家赵过，民族英雄苏武，以及大音乐家李延年等，都集中出现在这个时期。他们不仅在当时出类拔萃，名噪一时，而且在中国历史上也是地位崇高，名传千载。这批人才的出现与春秋战国时期的百家蜂起大不相同，它体现了掌握全国政权的封建统治阶级利用行政力量，按照时代需要培养造就人才的巨大优势，体现了汉武帝选才用才的制度和政策是符合当时社会需要的。

一、广开才路，多种渠道选拔人才

《文献通考》说，汉代"举士其目大概有三：曰贤良方正也，孝廉也，博士弟子也"。其实，汉武帝选用人才还不仅局限于这三条渠道，而是广开才路，从多种渠道选拔人才。

（1）贤良方正

贤良方正又称"贤良对策"，这是指通过地方推荐或人才自荐，并经皇帝亲自策问而选拔人才。它与察举制度的区别主要有两点：第一，贤良方正不是按定制举荐，而是不时而举，没有人数的限制。一般是国家遇到天灾、战争、变异时，皇帝为了听取谏戒临时下诏举荐。对贤良方正的要求是能直言国家政治得失，辨析阴阳祥瑞，提出应时对策。第二，贤良方正的人选除郡县推荐外，士人还可以自愿应诏自荐，自陈其政治主张，有战国时代君主取士的某些特征。

选拔贤良方正始于西汉文帝二年（公元前178年）。那年十一月发生一次日食，文帝认为这是不祥之兆，因为太阳代表皇帝，发生日食说明皇帝有缺失或将发生不利于皇帝的事变。于是文帝下诏"举贤良方正能极言直谏者以正朕之不逮"。汉武帝继承并发扬了文帝这个优良的传统，在他即位之年，就"诏丞相、御史、列侯、中二千石、二千石、诸侯相举贤良方正直言极谏之士"①。即号召二千石以上的中、高级官员向他推荐人才。为了得到理想的人才,汉武帝不仅行文号召,而且亲自考察了解,即通过"对策"的形式,亲策问以古今治道,"拔其俊异者宠用之"。②后来,汉武帝又正式下诏说:"贤良明于古今王事之体,受策察问,咸以书对,著之于篇,朕亲览焉。"③所谓"亲策问以古今治道",包括皇帝亲自与贤良方正谈话,含有口试的特点;也包括写一篇时政论文,交皇帝审阅。实质上都是由皇帝亲自考试,由皇帝出题把关。

（2）察举制度

汉武帝元光元年（公元前134年）,西汉正式实行察举制度,即命令郡国每年荐举秀才、孝廉。《汉书·武帝纪》记载说:"初令郡国举孝、廉各一人。"孝,主要是指笃于礼义,孝顺父母;廉,主要是指品行清正。后来,各郡国按人口比例进行选举,取消资产的限制,并逐渐成为定制。

汉武帝对察举孝廉十分重视,曾多次颁发诏书予以强调,其中有份诏书说:"夫十室之邑,必有忠信;三人并行,厥

---

① 《汉书·武帝纪》。
② 《资治通鉴·汉纪九》。
③ 同①。

有我师。今或至阖郡而不荐一人，是化不下究而积行之君子壅于上闻也。""进贤受上赏，蔽贤蒙显戮，古之道也。其与二千石、礼官、博士议，不举者罪。"①西汉中央主管部门不敢怠慢，立即做出了相应的政策规定："不举孝，不奉诏，当以不敬论；不察廉，不胜任也，当免。"从此，察举孝廉成为郡国官员的一个重要职责，孝廉一科成为士大夫仕进的一个重要途径。

除孝廉以外，汉武帝时察举的科目很多，主要有：秀才、明经、明法、文学等。

（3）征士

征士又称"征召"。除了郡国察举，贤良对策之外，皇帝还特聘一些社会上有名望的人出来做官，无须办理其他的手续。皇帝征士往往表示皇帝思贤若渴，敬重老者与社会贤达。早在春秋战国时期就有这种先例；汉初名臣叔孙通"秦时以文学征"②，说明秦朝也实行征士制度。汉高祖刘邦进一步发扬了征士的风气，公开声明："贤士大夫有肯从我游者，吾得尊显之。"征士的特点是尊重被征者的意愿，被征者如

---

① 《汉书·武帝纪》。
② 《史记·叔孙通传》。

不愿做官亦有自由,不能强制,被征之后,也不一定担任实际官职,可以只处在谋臣策士地位。汉武帝也十分重视这一制度,注意搜罗特殊人才。

(4)公车上书

"公车"既指公家车马,又是汉朝的一个官署名。《后汉书·光武帝纪下》说:"举贤良方正各一人,遣诣公车。"这里指的是将贤良方正送到"公车"这个官署。据《汉官仪》记载:"公车掌殿司马门,天下上事及征召皆总领之。"说明"公车"这个衙门,负责人才的征召工作和天下的上书言事等公务。同时,汉朝用公家车马送那些被举荐的人进京,因此后世以"公车"为举人入京应试的代称。由此可见,"公车上书"应包括那些到首都参加贤良对策的人,这主要是鼓励天下吏民上书言事,如有可取者,即以其所长,授以官职。

(5)辟除

辟除是高级官吏任用属员的制度。西汉初年即规定:最高行政长官和地方郡守可以自己征聘和选任僚属,并可以向上推荐。这种制度给了各级官吏选拔人才的一定自主权,这在封建社会前期,有利于地方政权的稳定和地方官吏积极性的发挥。但由于中央对此不作干预,辟除也包含着自立山头,培养私人势力的另一种可能。辟除的权力当然以丞相为最大,有时直接表现为用人方面君权与相权的矛盾。自汉武帝初年的田蚡以后，丞相任用官吏的权力大大缩小了，中央的官吏主要由皇帝任用。但作为一种制度，辟除并未被汉武帝取消，以后中高级官员还允许自己选用属员。

（6）起用商人为吏

汉武帝为了解决财政困难，发展手工业和商业，打破了商人不能做官的禁令，"除故盐铁家富者为吏。"[①]他任用齐地的大盐商东郭咸阳，南阳的大冶铁家孔仅为大农丞、领盐铁事，任用洛阳贾人之子桑弘羊主持计算。这是任用技术人才做官的制度，它改变了商鞅变法以来"重农抑商"的传统，也突破了西汉自刘邦以来几代皇帝所规定的不准商人做官的用人制度，这是一种十分大胆的用人政策。从此以后，这些大盐铁家、大商人掌握了国家的财经大权，他们在张汤等酷吏的协助下，实行了由国家垄断铸钱、盐铁官营、平准、均输、算缗、告缗等一系列经济政策，不仅增加了国家的收入，支援了长期的战争，而且削弱了地方势力，加强了中央集权。

综上所述，汉武帝发展并创立了一系列的选拔人才的制度，这些制度使他从全国各地各个阶层中选拔了大批人才。

---

① 《汉书·食货志下》。

比如经过贤良对策，他不仅选拔了董仲舒和公孙弘等，还选用了朱买臣、吾丘寿王等人。通过征召拜司马相如为中郎将，通过"公车上书"发现了东方朔、枚皋，主父偃、终军等人。因此《汉书·董仲舒传》说："武帝即位，举贤良文学之士前后数百人。"《东方朔传》则说："汉之得人，于兹为盛。"从此。西汉政权向中下层知识分子大开政治之门，改变了由功臣、贵族垄断政治的局面，这是汉武帝时人才繁盛的一个重要原因。

当然，汉武帝时的用人制度也有一些弊病，而且给后世带来不少消极影响。比如，卖官鬻爵制度虽然起源于汉初的"资选"和晁错"入粟拜爵、除罪"的建议，但汉武帝出于实用主义的考虑，把这种制度大大发展了。由于当时连年用兵，再加上宫廷开支浩繁，国家财政十分困难。汉武帝为救燃眉之急，曾采用了募民入奴婢、入羊，设武功爵出卖等办法，规定：人民缴纳财物，即可买爵、赎罪，"入奴婢""入羊者"，皆可为郎。如河南人卜式是个大畜牧主，非常富有，他曾多次以家财捐赠政府，并声明不想当官。后来捐钱越来越多，名声越来越大，汉武帝为了酬报他，竟封他为关内侯，任命为御史大夫。卜式虽然具有公而忘私的优良品质，但作为一个牧羊主，并没有担任三公九卿的能力。汉武帝只是因为他捐钱较多,就将如此重要的职位交给他,实在是考虑不周。这种做法在当时和后世都造成了很不好的影响。

至于卖武功爵的做法更不应提倡。商鞅变法规定,根据杀敌多少授予爵位,这是一种奖励杀敌立功的政策。汉武帝却规定,设武功爵十一级,每级十七万个,共值三十余万金。社会上一些地主、商人,既不曾当兵,又不曾打仗,只因肯掏腰包,拿出一定钱财就买到了这种爵位,这是汉武帝人才政策方面的一大失误。这种做法,显然背离了以贤能选拔官吏的原则,其流毒一直延续到清朝灭亡,这是地主阶级的自我腐蚀剂,是封建社会政治腐败的一个重要因素。

二、雄才大略,不拘小节,破格用人,重赏轻罚

公元前106年,汉武帝发布了一份求茂才异等的诏书,其中说:"盖有非常之功,必待非常之人。故马或奔踶而致千里,士或有负俗之累而立功名。夫泛驾之马、跅弛之士,亦在御之而已。其令州郡察吏民有茂材异等可为将相及使绝国者。"[①] 这是汉武帝对人才与事业关系的特殊见解。他认为,

---

① 《汉书·武帝纪》。

历史的功业都是由人建立的,只有用非常之人,才能建立非常之功。这种"非常之人"既不是与生俱来的天才,又不是完美无缺、人人称赞的人,而是那些有"负俗之累",被人鄙视看不起的小人物,是那些难于驾驭、不听招呼而有真知灼见的"茂材异等"之人。要选拔任用这些人,关键在于能透过他们的缺点看到他们的优点,能够排除世俗的褒贬议论看到他们的可贵之处,这就需要有识才之明和用才的勇气。对于这些人,不能一般地任用,而应用为将相和负有使命的通外使节。使用这种人,不应担心他们各行其是,不好领导,关键在于用什么办法调动他们的积极性,克服他们的毛病。这是对传统用人观念的一个重大突破。

用人难,识人更难。只有具备"识人"的真知灼见才能发现和选拔出杰出的人才。因此汉武帝说:"何世无才,患人不能识之耳。苟能识之,何患无人?"[①]汉武帝用人的实践告诉我们,他不愧为一个具有识人之明、又敢于破格用人的雄才大略的君主。例如卫青、霍去病是西汉著名的大将,但他们的出身都十分微贱。卫青出身奴婢,是平阳公主家女奴卫媪与小吏郑季的私生子,社会地位很低。后来,卫青的

---

① 《资治通鉴》卷一七。

姐姐卫子夫做平阳公主家的歌女，因偶然的机会被汉武帝看中，从此卫青才有机会接触汉武帝。武帝发现卫青朴实、勇武，于是破格提拔，任命为骑兵将领，逐步提拔为全军统帅。后来，又决然废掉了皇后，立卫子夫为皇后，这都是违背祖制的前无先例之举。霍去病也是奴婢的私生子，汉武帝派他随卫青出击匈奴，首战有功，十八岁即被封为冠军侯。在世人看来，奴婢和私生子都是被人鄙视的，即使他的姐姐贵为皇后，也不应将全国的军权交给他。武帝重用卫青，其中虽包含有任人唯亲的成分，但主要是发现了卫青的特殊才能，然后才赋予重任的。

对于文士的选用，武帝也是不拘一格。东方朔是一个诙谐豁达、不拘小节的人。武帝即位之初，他上书自荐，说他有古将孟贲和庆忌那样的勇敢和敏捷，有鲍叔和尾生那样的廉直和守信用，因此，他完全有资格充当皇帝的大臣。在一般人看来，东方朔狂妄、荒唐不近情理，但汉武帝竟然召见了他，任用他为常侍郎。东方朔还经常用诙谐的形式给汉武帝提意见，有时提得非常尖锐，令人难以接受。比如，有一年汉武帝要建上林苑，东方朔说"绝陂池水泽之利，而取民膏腴之地"，"规以为苑"，一人游乐，万民痛苦，这无异于"秦兴阿房之殿而天下乱"，"罪当万死！"面对东方朔这种过分的"指责",汉武帝不但不治罪,反而认为他"时时直谏,有所补益"。后来,东方朔还写了一篇《答客难》,用问答形式,揭露国君不重用人才的错误,叹惜有志之士怀才不遇,其中说:"抗之则在青云之上,抑之则在深泉之下,用之则为虎,不用则为鼠。"汉武帝不怪罪他对自己的影射批评,反而从中吸收了用人的经验教训,提拔东方朔为"太中大夫,给事中"[①]。

对俘虏加以重用,体现了汉武帝在用人问题上胸襟宽广,与众不同。汉武帝的托孤之臣金日䃅,本是匈奴休屠王的太子。汉武帝开始让金日䃅在御马厩养马,其身份是俘虏加奴隶。后来他发现金日䃅容貌端重,经过交谈,发现他是个人才,当天就提拔为御马监,不久又提升为侍中和光禄大夫,并赐给金钱马车,出入都让其陪同。并赐其姓金,名日䃅。一些贵戚大臣对武帝信用俘虏不满,汉武帝通过切身体验,发现金日䃅是可以信赖的人,因此对他更加信任。金日䃅母亲死后,汉武帝还以王侯礼节为其举办丧事。武帝临死之前,找霍光、桑弘羊、上官桀和金日䃅托付后事,让他们辅佐幼子刘弗陵(昭帝)。金日䃅认为自己是外族的俘虏,主动推辞。汉武

[①] 《资治通鉴·汉纪九》。

帝坚持，不许推让。武帝死后，金日䃅协助霍光，为西汉的昭宣中兴做出了重大贡献。汉武帝不看出身、不计流品，破格用人，知人善任，正反映了他在用人方面的雄才大略。

汉武帝驾驭人才的策略也是值得研究的。信赏必罚是驾驭人才、控制人才的一个手段。如何将这个手段用到恰到好处却并不容易：赏功应能调动人们的积极性，不应引导人们追求物质利益；罚罪应能使人吸取教训，不应将人才置于死地。在赏罚问题上，汉武帝与其他帝王不同的地方，是采用了重赏轻罚的方针。卫青、霍去病抗击匈奴有大功，汉武帝予以重赏，封他们为大司马大将军，位在群臣之上。有些大臣、武将往往因损兵折将而受罚，汉武帝深知"千军易得，一将难求"，因此一般都能给他们改正错误和赎罪的机会，而不是一棍子打死。飞将军李广是当时的名将，有一次与匈奴作战，全军覆没，他被俘后乘机夺马逃回，按汉律当斩。但汉武帝爱惜他的才能，只是将他免为庶人。后来李广与张骞一起出击匈奴，李广部下失亡人数很多，张骞则误了日期，武帝也只是将他们免为庶人，"终不刑戮"，希望他们来日还能报效朝廷。当时的著名将领公孙敖、杨仆、赵食其等，也都有失败当斩，贬为庶人，后来又重新起用立功的经历，因此后

第四章　汉武帝选才用才之道选拔的原则

人评论汉武帝用将时说，他是"绦镞在手，操纵自如者也"①。

汉武帝本人不乏真知灼见，是个很有能力、很有作为的皇帝，但他并不恃才傲物、拒谏饰非，而是有一定听谏纳谏的风度。如何对待不同意见，这也是能否充分发挥人才作用的一个大问题。汉武帝时的主爵都尉汲黯是一个著名的直臣，讲话不注意分寸，也不分场合，"好直谏，数犯主颜色。"比如汉武帝本来好大喜功，但表面又标榜儒家的仁义中庸之说，汲黯当众指责汉武帝"内多欲而外施仁义"，是个心口不一的人。当时搞得武帝下不了台，勃然变色，立即退朝。群臣都替汲黯捏了一把汗，以为武帝一定会处治他。但武帝退朝后，只对左右叹息说："甚矣，汲黯之憨也！"不过以为汲黯太憨直而已，对他的不敬失礼行为并未追究。同僚们批评汲黯做得太过分了，希望他多加注意，汲黯则不以为然，说天子置文武大臣就是为了帮助皇帝权衡利弊得失，如果大家只是按天子的眼色行事，岂不是违背了君主的意愿和利益？因此汉武帝一直对汲黯比较敬重，而且评价很高，他说："古有社稷之臣，至于汲黯则近之矣！"②

---

① 赵翼《廿二史札记》卷二。
② 《史记·汲郑列传》。

赵翼在《廿二史札记》中曾说：武帝时代"禁纲疏阔，怀材者皆得自达"。汉武帝对各种人才都不吹毛求疵，用其所长，不计其短，只要发现有一才可用，一言可采，就大胆任用。对犯罪者留有自新之路，对怀才自荐者始终敞开大门，因此汉武帝时期的人才，有许多都能找到创立功业的机会，这是汉武帝时人才繁盛的又一个原因。

当然，不是英雄造时势，而是时势造英雄。汉武帝所处的那个时代，社会经济文化的发展、国家的统一、政局的稳定，为人才的成长创造了有利条件。而发展经济和文化，进行抗击匈奴的战争，以及巩固和发展祖国的统一，这些历史任务也亟需各种人才。这是汉武帝时期人才繁盛的客观条件。

第五章　两汉著名学者成才的启示

一、董仲舒重志，一心"以修学著书为事"

董仲舒（约公元前198—约公元前106年），西汉广川县（今河北景县）人，汉代最著名的经学家、哲学家和思想家。他是孔子之后使儒家由诸子而成独尊、由一家而融汇百家的关键人物，是两汉时期儒家的领袖。他和孔子一样重视思想志向和主观动机在事变中的作用，他说："《春秋》之论事，莫重于志。"[1]他认为，《春秋》在讨论问题时，都很重视"志"，因此他也多次强调"志"的重要性。他曾说："志为质，物为文。"志是本质，物是文饰。"《春秋》之序道也，先质

---

[1] 董仲舒《春秋繁露·精华》。

而后文，右志而左物"①。在处理思想、志向与实际物质的关系时，将思想志向放在首位，将物放在第二位。这就是董仲舒的重志论和贵志论。

在确定个人生活志向时，董仲舒强调"以仁安人，以义正我"②；强调"正其谊（义），不谋其利；明其道，不计其功"③。在讲到治学成才问题时，他主张必须通过主观努力，既要尽可能多地掌握知识，又要认真实行正确的主张，在"德"与"功"两方面都取得明显的效果，他说："事在强勉而已矣。强勉学问，则闻见博而知益明。强勉行道，则德日起而大有功。"④立言、立德、立功、名传后世，这都是董仲舒为之奋斗的生活目标。

据《史记》《汉书》记载，董仲舒"少治《春秋》，孝景时为博士。下帷讲诵，弟子传以久次相授业，或莫见其面。盖三年不窥园，其精如此"⑤。董仲舒年轻时就研究《春秋》，精于《公羊春秋学》，闻名于赵地，汉景帝时被任命为博士。后来招徒讲学，弟子根据时间的先后自相传授，即采用老生

---

① 《春秋繁露·玉杯》。
② 《春秋繁露·仁义法》。
③ 《汉书》卷五六，《董仲舒传》。
④ 《汉书》卷五六，《董仲舒传》，《天人三策》一。
⑤ 同③。

教新生的办法进行教学,一些晚来的学生甚至没有见过董仲舒的面。因为当时董仲舒正在精心研究《春秋》的微言大义,准备参加朝廷举办的贤良对策,其志向之专一,研习之刻苦,于此可见一斑。

汉武帝元光元年(公元前134年),董仲舒大概已六十五岁。那年夏天五月,西汉朝廷下令举行贤良对策。参加对策的有一百余人,"或道世务而未济,稽诸上古之不同,考之于今而难行","所由异术,所闻殊方"[①],使汉武帝感到不得要领,无所适从。唯独董仲舒上《天人三策》,深刻地总结了历史的经验教训,抓住了西汉社会所存在的主要问题,并从政治、思想乃至具体政策方面提出了解决问题的意见和办法。于是董仲舒被选拔为对策第一,并被任命为江都相,辅佐汉武帝之兄易王。

董仲舒为人廉直,不善于阿谀奉迎。当时公孙弘因治《春秋》被任命为丞相,被封为平津侯。但"公孙弘治《春秋》不如仲舒,而弘希世用事,位至公卿。仲舒以弘为从谀,弘嫉之。膠西王亦上兄也,尤纵恣,数害吏二千石。弘乃言于上曰:'独

---

① 《汉书》卷五六,《董仲舒传》。

董仲舒可使相胶西王'"①。于是董仲舒又被调任为胶西相。"仲舒恐久获罪,病免"②。

董仲舒前后"凡相两国,辄事骄王,正身以率下,数上疏谏争,教令国中,所居而治。及去位归居,终不问家产业,以修学著书为事"。"仲舒所著,皆明经术之意,及上疏条教,凡百二十三篇,而说《春秋》事得失,……复数十篇,十余万言,皆传于后世"③。

汉代的著名学者刘歆、王充曾对董仲舒做过正确评价,刘歆说:董仲舒"遭汉承秦灭学之后,六经离析,下帷发愤,潜心大业,令后学者有所统壹,为群儒首"④。王充说:董仲舒"虽无鼎足之位,知在公卿之上"⑤,"文王之文在孔子,孔子之文在仲舒"⑥。董仲舒不愧为孔孟之后的又一位大师,又一位圣人。

---

① 《汉书》卷五六,《董仲舒传》。
② 同上。
③ 同①。
④ 同①。
⑤ 王充《论衡·别通篇》。
⑥ 《论衡·超奇篇》。

二、刘歆立志传播古文经

今文经与古文经之争是两汉时期思想文化战线和政治领域的一件大事。刘歆以他的特殊才能和地位，在这场斗争中发挥了独特的作用。

先秦的儒家经典经过秦始皇焚书坑儒以及项羽火烧秦宫，受到极大损失。西汉建立后实行休养生息政策，到惠帝时废除了秦朝的挟书令，民间开始有人传播儒家经典。到汉武帝时采纳了董仲舒的建议，"罢黜百家，表彰六经"[1]，儒家学说逐渐取得独尊的地位。中央建太学，设五经博士，开始招收博士弟子。但这时的儒家经典都是靠一些儒生口耳相传，用当时流行的简化字隶书写成的，因此被称为"今文经"。

为了适应思想文化事业和政治领域斗争的需要，汉武帝"广开献书之路"，"建藏书之策"，"置写书之官"，开始了收集古书的工作。后经昭、宣、元、成四代，由政府所搜罗的古籍日益增多，"百年之间，书积如丘山"[2]，这些古籍是用秦朝以前的文字篆文书写的，因此被称为"古文经"。

---

[1] 《汉书》卷六，《武帝纪》。
[2] 《汉书》卷三六，《楚元王传》。

中国古代人才观

今文经和古文经不仅书写的文字不同，而且篇目和内容也有差别。而汉朝的官员们都是靠学习今文经起家的，一时不能接受古文经，于是就出现了今文经与古文经的斗争。

汉成帝河平三年（公元前26年），刘歆的父亲刘向被任命为"领校中《五经》秘书"，由他组成一个精练的机构，着手对西汉王朝收藏的书籍进行一次空前的、大规模的整理和校雠工作。

由于刘歆从小"通诗书能属文"[1]，受到汉成帝器重，因此他也"受诏与父向领校秘书，讲六艺传记，诸子、诗赋、数术、方技，无所不究"[2]。使他从年轻时起，就有机会接触大量古籍。

刘向死后，刘歆继承了父亲的官职和任务，"复领《五经》，卒父前业。"[3]当时成帝也已去世，哀帝继位，王莽任大司马把持朝政，他认为刘歆出身宗室有材行，推荐刘歆为侍中太中大夫，提拔为骑都尉、奉车光禄大夫。刘歆用了几年时间，"集六艺群书，种别为《七略》。"[4]编出了我国第一部书

---

[1] 《汉书》卷三六，《楚元王传》。
[2] 同上。
[3] 同[1]。
[4] 同[1]。

籍目录。同时对各种书籍都写出了书录，即内容简介。

正是在整理校对古籍的过程中，刘歆"见古文《春秋左氏传》，歆大好之"①。于是他主动向尹咸和丞相翟方进学习《左传》，很快成为研究古文《春秋左氏传》的著名学者。

刘向去世后，刘歆的地位提升很快，于是他想"建立《左氏春秋》及《毛诗》《逸礼》《古文尚书》皆列于学官"②。哀帝让刘歆与《五经》博士进行讨论，诸博士不同意他的主张，刘歆一气之下写信给太常博士，把他们大骂了一通，其中说：古文经博士"不思废绝之阙，苟因陋就寡，分文析字，烦言碎辞"，使"学者罢老且不能究其一艺"。指责他们"信口说而背传记，是末师而非往古"，"保残守缺，挟恐见破之私意，而无从善服义之公心，或怀妒嫉，不考情实，雷同相从，随声是非，抑此三学，以《尚书》为备，谓左氏为不传《春秋》，岂不哀哉"③！甚至说这些太常博士是依权仗势"欲以杜塞余道，绝灭微学"，"专己守残，党同门，妒道真，违明诏，失圣意"④。从这封书信可以看出，刘歆宣传古文

---

① 《汉书》卷三六，《楚元王传》。
② 同上。
③ 同①。
④ 同①。

经的志向是何等坚定。

  但正是因为这封信激怒了那些太常博士,当时的名儒光禄大夫龚胜上书皇帝,以退休还乡相威胁。而大司空师丹也大动肝火,上奏说刘歆"改乱旧章,非毁先帝所立"[1]。汉哀帝还替刘歆辩护说:"歆欲广道术,亦何以非毁哉?"但由于刘歆得罪了执政大臣,"为众儒所讪"[2],刘歆"惧诛",主动要求调外任。几年之后,又因病免官。尽管如此,刘歆一直没有放弃传播古文经的志向。汉哀帝去世后,王莽执政,他企图利用古文经为自己托古改制寻找历史根据,于是封刘歆为红休侯,又封为国师,同意在中央设立五个古文经博士,从此古文经取得了与今文经对抗的合法地位。

  刘歆宣传古文经确实曾为王莽篡权改制制造了舆论,但也不可否认,古文经确实有比今文经合理的地方。另外,"《七略》剖判艺文,总百家之绪"[3],开了我国目录学的先河,刘歆的这一历史功绩也不能因其追随王莽而一笔抹杀。

---

[1] 《汉书》卷三六,《楚元王传》。
[2] 同上。
[3] 同[1]。

三、父子兄妹同"志",《汉书》终于问世

翻开《汉书》,其首页题名为"汉兰台令史班固撰"。实际上,《汉书》并非班固一人所作,"考其始末,凡经四人手,阅三四十年,始成完书。"① 这四人是班彪,班彪之子班固,班固之妹班昭,以及同郡人马续。班彪、班固父子兄妹立下共同志向,为修好《汉书》尽力,这是《汉书》终于问世并成为优秀史书的主要原因。

班彪(公元3—公元54年)字叔皮,东汉扶风安陵(今陕西省咸阳市)人。他出身于世代书香官僚家庭,门第显贵且有家学渊源。东汉建立后,他随窦融归附刘秀,受到提拔官至望都长。

班彪"性沈重好古","才高而好述作,遂专心史籍之间。"② 他认为:"若《左氏》《国语》《世本》《战国策》《楚汉春秋》《太公史书》,今之所以知古,后之所由观前,圣人之耳目也。"③ 但美中不足的是《史记》记载的史事上起黄帝,下止汉武,武帝太初以后,缺而不录。尽管西汉有

---

① 《后汉书》卷四〇上《班彪传》。
② 同上。
③ 同①。

些学者曾缀集时事，续补《史记》，"然多鄙俗，不足以踵继其书。彪乃继采前史遗事，傍贯异闻，作后传数十篇，因斟酌前史而讥正得失"①，世称《史记后传》。不幸的是，他的写作任务还没有最后完成，就在建武三十年（公元54年），五十二岁时突然逝世了。班彪生当乱世，守正不阿，专心史籍，用自己的才华编写国史，为《汉书》的正式问世打下了良好的基础。

班固（公元32—公元92年）字孟坚，班彪长子，"年九岁，能属文诵诗赋，及长，遂博贯载籍，九流百家之言，无不穷究。所学无常师，不为章句，举大义而已。性宽和容众，不以才能高人，诸儒以此慕之。"②早在班固十三岁时，王充就曾附其背对班彪说："此儿必记汉事。"③当班固十六岁时，他被送到太学读书，在太学学习共达八年之久。在此期间，他不仅学习了儒家经典，而且对诸子百家的学说也进行了广泛的研究，这为他继承父志，写作《汉书》准备了充分的条件。

班彪去世后，班固不得不离开太学，回到故乡为父亲守

---

① 《后汉书》卷四〇上《班彪传》。
② 《后汉书》卷四〇上《班固传》。
③ 《后汉书》卷四〇上《班固传》引《谢承书》。

丧。"固以彪所续前史未详,乃潜精研思,欲就其业"①。在守丧期间,他着手整理父亲的遗著《史记后传》,发现这一手稿记载前史未详,因此下决心继承父亲遗志,正式开始了编撰《汉书》的工作。但时隔不久,有人上书朝廷,告发班固私自改作国史。东汉明帝下令将班固逮捕,关入监狱。班固之弟班超担心其兄为郡官逼迫,"不能自明,乃驰诣阙上书"②,"具陈固不敢妄作,但续父所记汉事"③。这时地方官已将班固的书稿送到京师,明帝看过后十分欣赏班固的才学,不仅立即下令免罪,而且将他召到校书部,任命他为兰台令史。兰台是汉代皇家收藏图书的地方,设令史六人,掌管图书,校定秘籍。班固因祸得福,他出任兰台令史为他编撰《汉书》提供了更为有利的条件。

班固进入兰台之后,先是与其他令史合作,编写了《世祖本纪》以及东汉功臣、平林、新市等列传、载记若干篇。这一工作受到汉明帝的肯定,班固被提拔为郎,"帝乃复使终成前所著书"④,汉明帝命他继续编写尚未编完的前朝之

---

① 《后汉书》卷四〇上《班固传》。
② 同上。
③ 《后汉书集解》引《东观记》。
④ 《后汉书》卷四〇下《班固传》。

书。于是班固便集中精力，"以著述为业"①，"探撰前记，缀集所闻，以为《汉书》"。"固自永平中始受诏，潜精积思二十余年，至建初中乃成。当世甚重其书，学者莫不讽诵焉"②。然而这时的《汉书》尚有八表及《天文志》并未最后完成。

永元四年（公元92年），掌握军政大权的外戚窦宪与皇帝发生矛盾，汉和帝利用宦官势力夺回兵权，迫使窦宪自杀。因为班固曾跟随窦宪进攻匈奴，而且二人关系密切，于是班固也受牵连被捕入狱。洛阳令官报私仇，罗织罪名，使班固死于狱中，当时班固六十一岁。

班固之妹班昭"博学高才"，当时正在家寡居，"和帝诏昭就东观藏书阁踵而成之"③。班昭于是继承父兄遗志，编写了《汉书》八表。后来，跟随班昭受读《汉书》的马融之弟马续又受命补作了《天文志》。至此，《汉书》才全部完工。

《汉书》是我国第一部纪传体断代史，它一向与《史记》齐名，并称史、汉。正是它开了断代为史的先河，为二十五

---

① 《汉书》卷一〇〇，《叙传》。
② 同上。
③ 《后汉书》卷八四，《列女传》。

史其他各史的编写树立了榜样。它是在《史记》《史记后传》的基础上，经过班彪、班固、班昭父子兄妹乃至马续之手，花费了三四十年工夫才最后完成的。正如赵翼在《廿二史札记》中所说的那样，由此可"知其审订之密"，同时又"益信著书之难也"。

第六章　曹操的用人政策

得人难，用人更难。清朝的赵翼说："三国之主各能用人，故得众力相扶，以成鼎足之势。"①虽然"三国之主各能用人"，但其中曹操却得人最多，号称"谋臣如云"，"战将如林"，而且知人善任，比较充分地发挥了这些人才的才能和智慧。如饥似渴地搜求人才，恰如其分地使用人才，正是曹操取得成功的一个重要原因。

一、不拘一格，唯才是举

曹操生于东汉末年，而东汉末年实行的用人政策，却是埋没人才、摧残人才的腐朽政策。它强调所谓出身门第，把

---

① 《廿二史札记》上册，《三国之主用人各不同》。

用人的范围越缩越小；强调儒家虚伪的仁义道德，压抑了那些有真才实学的人；强调所谓乡评党议，鼓励了那种浮华不实的作风，结果就出现了"举秀才不知书，察孝廉父别居"的可悲可笑的局面。而曹操的用人政策却大不相同，无论在用人的范围、选择的标准、推选人才的办法上都有自己的特点，简而言之就是不拘一格，唯才是举。

首先，曹操正确处理了才能与出身门第的关系。有人曾说，曹操出身于寒族地主，他执行的政策也代表了寒族地主的利益，因此，他手下的谋臣武将大都出身于寒族。其实，曹操选择人才主要不是看一个人的出身门第，而是看这个人有没有实际才能，能不能为他所用。用郭嘉、荀彧的话说，就是凡"忠正远见而有实者"，曹操都能"唯才所宜，不间远近"[①]。因此，在他的谋臣武将中既有一些亲戚子弟，也有大量出身低贱的寒族地主，甚至也有一些出身名门世族的人。

夏侯惇、夏侯渊、曹仁、曹洪以及曹休、曹真等人，都是曹操的亲戚子弟，但他们并不是靠亲戚关系以得高位，而是靠了自己的实际才能和汗马功劳。曹操的谋臣武将中很多人出身于寒族，这确实与曹操用人不问门第有关。因为在东

---

① 《三国志》卷一四，《程郭董刘蒋传》注引《傅子》。

汉末年已经形成了一种强大的社会舆论，似乎出身于世族就高明，出身于寒族就蠢笨，才德高低，唯世资门第是衡。要从出身微贱的人中选拔人才，确实需要有一点反潮流的勇气。《魏书》曾说：曹操"知人善察，难眩以伪，拔于禁、乐进于行阵之间，取张辽、徐晃于亡虏之内，皆佐命立功，列为名将；其余拔出细微，登为牧守者，不可胜数"[①]。对于出身名门世族、有真才实学的人，曹操也不排斥。司马朗、司马懿兄弟出身于名门世族，很得曹操信用。曹魏的名臣钟繇是汉代名士钟皓的子孙，建安七子之一的王粲也是出身于名门。华歆是东汉著名的名士，还是曹操从孙权那里抠来的。甚至包括孔融，也是曹操主动招致的。曹操不拘门第选拔人才，大大扩大了选拔的范围，这是他当时得人最多的一个重要原因。

其次，曹操正确处理了功能与德行的关系。建安八年（公元203年）以后，曹操连续下达了四个关于选拔人才的命令。四道令文，一个中心，主要讲的是选拔人才的标准。在才与德、功能与德行的关系上，曹操强调前者，而不强调

---

① 《三国志》卷一，《武帝纪》注引《魏书》。

后者。虽然曹操也说"治平尚德行,有事赏功能"①,但曹操自己正处在天下大乱的"有事之秋",所以他主要是"赏功能"。至于将来的"治平"时代怎样去"尚德行",那是以后的事。因此四个令文从不同的侧面论证了"赏功能"的重要性。

《论吏士行能令》是针对当时的一种传统观念而发的,令文劈头提出:"议者或以军吏虽有功能,德行不足堪任郡国之选,所谓'可与适道,未可与权'。"这就是说当时有一种舆论,认为小吏,即使有功能,但由于他们缺乏"德行",因此不能当郡国的中级和高级官员。可以让这些人做些小事,做一辈子军吏,和他们一起"适道",但却不可以让他们掌握地方和中央的大权。那么由谁来掌握大权呢?要由那些所谓有"德行"的人掌权。这种人在春秋战国是指那些世卿世禄的各级贵族,在东汉则是指那些名门世族,总之是指那些出身高贵、有所谓道德修养的人。照此办理,掌握实权的"郡国之选"只能由出身高贵的少数贵族政治家垄断。曹操首先抬出了著名贤者管仲来批判这种陈词滥调,管仲说,"使贤者食于能则上尊,斗士食于功则卒轻于死,二者设于国则天下治。"这种观点在当时是对"世卿世禄"的否定,一个人

---

① 《曹操集·论吏士行能令》,《魏志·武帝纪》注引《魏书》。

是不是"贤者"不是看他出身是否高贵，而是看他有没有能力；一个人是不是"斗士"也不是凭他的祖宗门第，而是看他是否对国家有功。使这样的贤者、斗士掌握国家权力，去掉那些尸位素餐的所谓高贵之士，才能收到"天下治"的效果。曹操重新强调这一观点，则是要打破名门世族对国家政治的垄断。因此他尖锐地指出，没有听说过无能之人、不斗之士，而可以立功兴国的。他明确地主张不让那些无功之臣做官，不赏那些不战之士，并讽刺那些"议者""论者"之言，"一似管窥虎欤"！① 曹操是靠进行战争起家的，他手下的官吏主要来源于下级军官和小吏，他要在实际上建立自己的统治，就要提拔这些人担当"郡国之选"，由这些人来掌握地方和中央的各级政权。而议者、论者却以缺乏"德行"反对这些人掌权，企图继续执行东汉末年的用人政策，继续由名门世族来垄断郡国重任，这实质上是地主阶级内部不同阶层之间的权力之争，是以曹操为代表的革新势力与东汉王朝的腐朽势力之间的斗争。曹操的令文如此尖锐，不是没有原因的。

建安十五年（公元 210 年）发布的《求贤令》也有它的针对性。它除了强调求贤的重要以外，主要讲了"廉士"与

---

① 《曹操集·论吏士行能令》，《魏志·武帝纪》，注引《魏书》。

才能的关系。当时北方的社会生产刚刚恢复,国家还比较残破,各级官员不可能像东汉末年那样豪华奢侈,而曹操本人也主张节俭,所以一床被子拆洗了多次,一直盖了十多年。负责选拔人才的崔琰、毛玠"其所举用皆清正之士,虽于时有盛名行不由本者,终莫得进。拔敦实,斥华伪,进冲逊,抑阿党。由是天下之士莫不以廉节自励,虽贵宠之臣,舆服不敢过度,至乃长吏还者,垢面嬴衣,独乘柴车,军吏入府,朝服徒行,吏洁于上,俗移于下"。曹操看到这种情况还曾十分感慨地说:"用人如此,使天下人自治,吾复何为哉!"[1]

提倡节俭本来是件好事,这对于封建统治者来说更是不容易做到的。但有些人为了能够升官,本来生活并不困难,也故意装成很艰苦的样子,脸不洗,衣服也穿得破破烂烂,独自一人坐在柴车上,连个随从也没有;甚至到政府去上班,既不坐车,又不骑马,竟然步行而去,这就未免有些故作姿态,有些虚假了。丞相掾和洽原来在刘表手下,从生活豪华的荆州来到曹操统治的许昌,大概感到是换了一个世界,对当时的风气不大习惯,对其中的问题也看得比较尖锐。就在他到许昌的第二年年底,就向曹操提出了一个意见,他说:

---

[1] 《资治通鉴》卷六五,汉献帝建安十三年。

"天下之人，材德各殊，不可以一节取也。俭素过中，自以处身则可，以此格物，所失或多。今朝廷之议，吏有著新衣、乘好车者，谓之不清；形容不饰，衣裘敝坏者，谓之廉洁。至令士大夫故污辱其衣，藏其舆服；朝府大吏，或自挈壶餐以入官寺。夫立教规俗，贵处中庸，为可继也。今崇一概难堪之行以检殊涂，勉而为之，必有疲瘵。古之大教，务在通人情而已；凡激诡之行，则容隐伪矣。"[1] 物极必反，我们的古人看来也好走极端。你说要节俭，谁穿件新衣服，坐辆好车，就被叫做"不清"了；谁越是不洗脸，不修容貌，衣服越旧越破，谁就是"廉洁"。所以大家只好故意弄脏自己的衣服，把好的车子服装紧锁密藏了；朝中府中的官吏到机关去办公还要提个饭罐子自己带饭。像这样弄虚作假确实有点违反人情，以此作为选拔人才的标准，很可能选上一些政治骗子。曹操择善而从，第二年春天下的第一道命令就是对这种状况的批评，他说："孟公绰为赵、魏老则优，不可以为滕、薛大夫。"孟公绰是鲁国的大夫，廉静寡欲，而短于才。赵、魏当时还是晋国的世卿，大家势重而无诸侯之事，做赵、魏的家老望重而无官守之责，因此让孟公绰去做，能力还有

---

[1] 《资汉通鉴》卷六六，汉献帝建安十四年。

余。而滕、薛国小事繁,大夫位高责重,孟公绰到那里去当大夫就难于胜任了。这就说明,选人用人要根据具体情况而定,不能只看一个人是不是"廉士",还要看他的实际才能。曹操尖锐地指出,如果只能用廉士,那么连管仲也不能用了,因为管仲"富拟公室",并不清廉,这样一来齐桓公还靠什么称霸?但对真正有才之士也不能排斥,像穿得破破烂烂、垂钓于渭水之滨、却胸怀大才的姜子牙一流人物,当然也要选拔。对于"盗嫂受金"既不洁又不廉的陈平一类的人也应该重用。曹操要求他手下的人"唯才是举",只要有才,他就可以"得而用之"[①]。

建安十九年(公元214年)发布的《敕有司取士毋废偏短令》,建安二十二年(公元217年)发布的《举贤勿拘品行令》都是讲品行与才能的关系,认为"士有偏短",因此取士要取其所长,弃其所短,不能求全责备,尤其要注意从那些被人们看不起的人中发现人才、选择人才。令文中说,伊挚、傅说出身于贱人,管仲曾是桓公的敌人,结果却"用之以兴"。萧何、曹参不过是小小的县吏,韩信、陈平负污辱之名,有见笑之耻,结果能"成就王业,声著千载"。苏

[①] 《曹操集·求贤令》,《魏志·武帝纪》。

秦也不守信，但却能帮助挽救衰弱的燕国。吴起是贪将，"杀妻自信，散金求官，母死不归"，但他在魏国，"秦人不敢东向，在楚则三晋不敢南谋"。现在天下难道就没有至德之人埋没在民间吗？难道就没有果勇不顾、临敌力战的人才吗？像那些文俗之吏、有高才异质，可以胜任将军或郡守的人；像那些负污辱之名、见笑之行，或不仁不孝而有治国用兵之术的人，希望大家"各举所知，勿有所遗"。假如各级掌管人才大权的"有司"都能明了这一精神，就可以做到"士无遗滞，官无废业"了[1]。只要有真正的才能，各种人都可以利用，这就是曹操选拔人才的主要标准。

究竟用什么办法选择人才呢？我们知道，当时还没有科举制度。而对于东汉末年的乡评党议曹操又是深恶痛绝的，他在《整齐风俗令》中指出，袁绍所统治的冀州，坚持这种腐朽的做法，没有哥哥的人被说成"盗嫂"，娶孤女的人被说成"挝妇翁"，擅权的人被比作忠臣，忠正的人被说成"左道"，以白为黑，欺天骗君，这就是乡评党议所造成的恶果[2]。曹操多次提到不要排斥那些"盗嫂受金"的人，盗嫂是品行不端，

---

[1] 《曹操集·敕有司取士毋废偏短令》，《举贤勿拘品行令》，《魏志·武帝纪》。
[2] 《曹操集·整齐风俗令》，《魏志·武帝纪》。

受金就是贪污受贿，看来曹操并不是喜欢这种人，而是他深切地体会到这种"污辱之行"往往是无中生有、捕风捉影的，是那些豪门名士为了一群一党的私利，任意散布的诬蔑不实之词。所以绝不能以此当作选择人才的根据，用这种"阿党比周"的办法去选拔人才是绝对选不出什么好人才的。从曹操用人的实践看，曹操主张从实际斗争中选拔人才，一个人究竟是不是人才，究竟能担当多大的责任，都要放到实际斗争中去考验。这也是曹操用人的一个特点。

二、胸怀宽广才能"天下归心"

信用和自己志同道合的人，信用拥护自己、忠于自己的人，信用自己的亲戚故旧，一般来说，这还比较容易做到，因为彼此之间没有什么利害冲突，感情上比较融洽，用起来也比较得心应手。这正是任人唯亲的用人路线得以产生的客观条件。对和自己意见不同的人，对反对过自己的人，对与自己有过利害冲突和个人恩怨的人，采取什么态度，是有怨必报，以牙还牙，还是以德报怨，忘记过去，这却是能否得人的一个关键问题。曹操在他的著名诗篇《短歌行·对酒当歌》中曾说过："山不厌高，海不厌深。周公吐哺，天下归心。"

《管子·形势解》说:"海不辞水,故能成其大;山不辞土石,故能成其高;明主不厌人,故能成其众。"《史记·鲁周公世家》说:周公"一沐三握发,一饭三吐哺,起以待士,犹恐失天下之贤人"。曹操把管仲、周公当作自己学习的榜样,表明了他思贤若渴的基本态度。只有胸怀宽广,才能真正做到"不厌人",才能收到"天下归心"的客观效果,这既是曹操的经验之谈,也是他奋斗的目标。

刘备素有"英雄之志",是和曹操争夺天下的隐患。刘备被吕布打败后投靠了曹操,有人建议除掉他,曹操说:"方今收英雄时也,杀一人而失天下之心,不可。"不仅没有杀刘备,反而给他增兵供粮,让他收集散亡对付吕布[①]。后来刘备起兵反对曹操,被曹操打败了,曹操捉住了刘备的主要将领关羽,也没有处罚他,而是封他为偏将军。曹操明知关羽无久留之意,反而说:"事君不忘其本,天下义士也。"关羽帮助曹操解白马之围,杀了袁绍的大将颜良,曹操表封关羽为汉寿亭侯。当关羽离开曹操去找刘备时,曹操还反对别人去追杀关羽,说:"彼各为其主,勿追也。"裴松之在评论这件事时说:"曹公知羽不留而心嘉其志,去不遣追以成其义,自非有王霸之度,

---

① 《三国志》卷一,《武帝纪》。

孰能至于此乎？斯实曹公之休美。"①

　　臧霸先跟随陶谦，后跟随吕布，长期与曹操作对。吕布失败后，曹操找到了臧霸，见面后特别高兴，把青州、徐州交给他掌握。徐翕、毛晖曾在曹操手下为将，兖州叛变后，他们也跟着叛变了。后来他们躲在臧霸那里，曹操要求臧霸交出他们两个人的脑袋，臧霸说："我所以能自立者，是因为我不干这种卖友求荣的事。"曹操听到后说："此古人之事而君能行之，孤之愿也。"不但没有杀徐翕、毛晖，还任命他们当了郡守②。

　　曹操曾推荐魏种做孝廉，兖州叛变以后，曹操说："唯魏种且不弃孤。"后来听说魏种也逃走了，曹操非常气愤，说："种不南走越，北走胡，不置汝也！"魏种若不是南逃到越地，北逃到胡地，我决不放过他！后来曹操活捉了魏种，但没有杀他，对人说："唯其才也！"封他为河内太守，并把整个河北的事都托付给他③。

　　赵翼在评论这些事时曾说："此等先臣后叛之人，既已生擒，谁肯复贷其命？乃一一弃嫌录用。盖操当初起时，方

---

① 《三国志》卷三六，《关羽传》，注引《傅子》。
② 《三国志》卷一八，《臧霸传》。
③ 《资治通鉴》卷六三，汉献帝建安四年。

欲藉众力以成事，故以此奔走天下，杨阜所谓'曹公能用度外之人'也。"[1]正因为曹操"能用度外之人"，所以那些曾经与曹操为敌的人才敢于投奔曹操，既不怕曹操报复，也不担心曹操另眼相看。

曹操进攻宛城，张绣先降后叛。曹军大败，亲兵都尉典韦战死，曹操被射伤左臂，长子曹昂、侄子曹安民死于乱军之中。此仇此恨该是永生难忘了吧！但官渡之战时，袁绍派人招纳张绣，张绣的谋士贾诩却当面对袁绍的使者说："谢归袁本初，兄弟不能相容，而能容天下国士乎？"劝张绣投靠曹操，说："夫有霸王之志者，固将释私怨，以明德于四海。"张绣接受了贾诩的意见，率众投降了曹操。曹操不仅封拜张绣为扬武将军，封贾诩为都亭侯，还为自己的儿子曹均娶了张绣的女儿，与张绣做了儿女亲家。曹操对贾诩说："使我信重于天下者，子也。"从此贾诩成为曹操手下的重要谋臣，在历史上称为张良、陈平一类的人物[2]。

陈琳原来在袁绍手下，替袁绍起草讨伐曹操的檄文，把曹操的祖孙三代骂了个狗血淋头，其语言之刻毒可算是无以

---

[1] 《廿二史札记》卷七，《三国之主用人各不同》。
[2] 《三国志》卷一〇，《贾诩传》。

复加了。但袁绍失败后,陈琳并不担心会被曹操杀害,先是替曹操当说客,劝说袁尚投降曹操;后来他自己则真心诚意的投降了曹操。曹操问他:"卿昔为本初移书,但可罪状孤而已,恶恶止其身,何乃上及父祖耶?"陈琳当面谢罪,说当时箭在弦上不得不发。曹操也不追究,任命他为司空军谋祭酒。以后的军国书檄,多为陈琳所作。陈琳还成为著名的建安七子之一[1]。

官渡之战时,许都和军中有不少人暗中给袁绍写信,为自己寻找出路。袁绍失败后,这些信件落到曹操手里,有人主张追查,曹操说:"当绍之强,孤犹不能自保,况众人乎!"一封也不追查,统统烧掉[2]。曹操就是用这种态度对待反对过自己的人的。应该说,胸怀宽广,胆识过人,这正是曹操当时得人最多的一个重要原因。

三、只有集中人才的智慧,才能建立重大的功业

曹操得人和用人的经验证明,只有政策正确才能得到真

---

[1] 《三国志》卷二一,《王粲传》。
[2] 《资治通鉴》卷六三,汉献帝建安五年。

正的人才，而只有充分发挥人才的作用，集中人才的智慧，才能进一步确定和坚持正确的政治主张和方针政策，才能建立重大的功业。因为正确的方针政策不是从天上掉下来的，不是来自神仙的启示，也不是个别圣人贤人头脑中固有的，它只能从人们的社会实践中来，只有集思广益，集中人们正确的认识，尤其是集中有真知灼见的人们的智慧，正确的方针政策才有可能产生。曹操的成功之处，不仅在于他罗致了大批人才，而且在于他及时采纳了这些人才的正确意见，抓住了当时问题的关键，制定了一套切实可行的方针政策和战略策略。

早在汉献帝初平三年（公元192年），毛玠就向曹操提出了一个重要的建议，他说："今天下分崩，国主迁移，生民废业，饥馑流亡，公家无经岁之储，百姓无安固之志，难以持久。今袁绍、刘表，虽士民众强，皆无经久之虑，未有树基建本者也。夫兵义者胜，守位以财，宜奉天子以令不臣，修耕植，蓄军资，如此则霸王之业可成也。"[①]他主要强调了"义"和"财"两个问题，认为这是战胜敌人，巩固统治的根本问题。司马光的《资治通鉴》评论这件事说："操之

---

① 《三国志》卷一二，《毛玠传》。

所以芟群雄者，在迎天子都许、屯田积谷而已；二事乃疨发其谋也。"[1]这实质上是提出了一条切实可行的、用以"树基建本"、成就"霸王之业"的政治路线。公元196年（建安元年），汉献帝东归洛阳，处境十分狼狈。曹操"谋迎天子"。不少人认为"山东未定，韩暹、杨奉，负功恣睢，未可卒制"。荀彧力排众议，认为"奉主上以从人望，大顺也；秉至公以服天下，大略也；扶弘义以致英俊，大德也。四方虽有逆节，其何能为"？曹操采纳了荀彧的正确意见，亲自到洛阳迎接汉献帝，定都许昌[2]。

这是一个重要的政治决策，它对曹操一生事业的成败起了十分重要的作用。当时东汉王朝虽然已经名存实亡，但它对地主阶级中的多数人还有一定号召力。正如荀彧所说："义士有存本之思，兆民怀感旧之哀。"[3]它反映了地主阶级的"人望"。王权在混乱中代表着秩序，封建社会的天子往往被当作中央政权的化身，当作国家统一的象征。要消除军阀混战的局面，还需要利用汉献帝这块天子的招牌。当然，曹操迎接汉献帝，并不是真正要"秉至公以服天下"，不是要完全

---

[1] 《资治通鉴》卷六〇，汉献帝初平三年。
[2] 《资治通鉴》卷六二，汉献帝建安元年。
[3] 同上。

恢复东汉王朝的统治，而是要打着刘家的招牌，"挟天子以令诸侯"，逐步建立曹家的天下。他有了"汉天子"这块招牌，既可以名正言顺地去讨伐那些各地的军阀，又可以招致一些地主阶级的"英俊"，这就使他在群雄混战中取得了政治上的有利地位。

曹操的另一个重要决策，就是修耕植，蓄军资。他采纳枣祗的建议，大兴屯田，使大批脱离了土地的农民重新回到土地上，北方的大片荒地得到了开垦，为他长期进行的统一战争创造了雄厚的物质基础。《资治通鉴》记载说："中平以来，天下乱离，民弃农业，诸军并起，率乏粮谷，无终岁之计，饥则寇掠，饱则弃余，瓦解流离，无敌自破者，不可胜数。袁绍在河北，军人仰食桑椹，袁术在江淮，取给蒲蠃，民多相食，州里萧条。羽林监枣祗请建置屯田，曹操从之，以祗为屯田都尉，以骑都尉任峻为典农中郎将，募民屯田许下，得谷百万斛。于是州郡例置田官，所在积谷，仓库皆满。故操征战四方，无运粮之劳，遂能兼并群雄。军国之饶，起于祗而成于峻。"①

在关系到事业成败的其他战略问题上，曹操也及时采纳

---

① 《资治通鉴》卷六二，汉献帝建安元年。

了谋臣的正确意见，避免了可能出现的错误，取得了一次又一次胜利。

袁曹官渡之战，是曹操能否统一北方的关键。当时双方力量悬殊，能否取得战争的胜利，在官渡之战以前以及战争进行当中曹操都没有很大把握，几次发生信心不足和行动上的动摇。在战争开始前，荀彧、郭嘉认真分析当时的客观形势，指出绍有十败，曹有十胜，坚定了曹操与袁绍进行决战的信心。在官渡之战的相持阶段，曹操又因兵少、粮缺，准备退回许昌，荀彧表示反对，写信说："绍悉众聚官渡，欲与公决胜败，公以至弱当至强，若不能制，必为所乘，是天下之大机也。且绍，布衣之雄耳，能聚人而不能用。以公之神武明哲而辅以大顺，何向而不济！今谷食虽少，未若楚、汉在荥阳、成皋间也。是时刘、项莫肯先退者，以为先退则势屈也。公以十分居一之众，画地而守之，扼其喉而不得进，已半年矣。情见势竭，必将有变。此用奇之时，不可失也。"[①]曹操采纳了荀彧的意见，放弃了退兵的计划，同时又根据荀攸、许攸的建议，火烧了袁绍的军粮，取得了官渡之战的胜利。

---

① 《三国志》卷一〇，《荀彧传》；注引《彧别传》。

官渡之战后，曹操又因粮少，想先南下进攻刘表，荀彧认为："今绍败，其众离心，宜乘其困，遂定之；而背兖、豫，远师江、汉，若绍收其余烬，乘虚以出人后，则公事去矣。"①曹操又听从了荀彧的建议，继续北征，袁绍病死。

最后袁绍的两个儿子袁尚、袁熙跑到三郡乌丸，诸将害怕刘表派刘备袭击许昌，认为袁尚成不了什么气候，主张回军南向。谋臣郭嘉分析了各方面的情况，认为"袁绍有恩于民夷，而尚兄弟生存。今四州之民，徒以威附，德施未加，舍而南征，尚因乌丸之资，招其死主之臣，胡人一动，民夷俱应，以生蹋顿之心，成觊觎之计，恐青、冀非己之有也。表，坐谈客耳，自知才不足以御备，重任之则恐不能制。轻任之则备不为用，虽虚国远征，公无忧矣"②。曹操根据郭嘉的意见，立即挥师北进，平定了三郡乌丸，袁尚、袁熙跑到辽东，被辽东太守公孙康斩首。

以上事实说明，曹操不仅能够得人，而且能正确地采纳人们的意见，集中有真知灼见的人才的智慧，这对他制定和坚持正确的方针政策和战略策略起了十分巨大的作用。曹操也不贪人之功据为己有，多次写表发令，表彰这些谋臣的功勋，

---

① 《三国志》卷一〇，《荀彧传》。
② 《三国志》卷一四，《郭嘉传》。

第六章　曹操的用人政策选拔的原则

说："天下之定，彧之功也。"①"平定天下"郭嘉"谋功最高"②。枣祗死后，曹操还念念不忘枣祗的功劳，在一个令文之中说枣祗："为屯田都尉，施设田业。其时岁则大收，后遂因此大田，丰足军用，摧灭群逆，克定天下，以隆王室，祗兴其功。"③对于荀彧在官渡之战时的两次建议，曹操不仅充分肯定，而且毫不掩饰地承认了自己的失误，说："彧建二策，以亡为存，以祸致福，谋殊功异，臣所不及也。"④作为一个专制主义时代的封建统治者，能这样重用人才，正确地采纳别人的意见，用以制定正确的政策和战略，并且"绝不攘为己有"，应该说这还是十分难能可贵的。

当然，曹操也曾经错误地处罚和错杀过一些人才，对孔融、祢衡的处理，主要是由于政治路线不同。对杨修的处理，主要是担心他帮助曹植争夺继承权。但对荀彧、崔琰、毛玠的处理是很不合理的。封建统治者的地位变了，对人的态度也会发生变化。在创业阶段，对与自己为敌的人还要努力争取；在功成业就以后，对不反对自己的人也容纳不下了。这种情

---

① 《三国志》卷一〇《荀彧传》；注引《彧别传》。
② 《三国志》卷十四，《郭嘉传》。
③ 《曹操集》文集卷二《加枣祗子处中封爵、并视祗令》。
④ 《三国志》卷一〇，《荀彧传》，注引《彧别传》。

况在历史上是屡见不鲜的，这是封建统治者在用人问题上的自我矛盾，曹操在这方面不是十分突出。全面分析曹操的用人与得人，应该承认还是经验多于教训。

我国有句古语：有不世之君，必能用不世之臣；用不世之臣，必能立不世之功。曹操平定北方的历史说明，得人则昌，失人则亡，得人能用则昌，得人不能用亦亡。能否识别、选择和正确地使用人才，是当时成功和失败的一个关键。

第七章　刘劭的人才观和他的《人物志》

刘劭，字孔才，三国时魏国邯郸（今河北邯郸）人。建安年间曾任太子舍人、秘书郎。魏明帝时出任陈留太守，赐爵关内侯。他曾受诏集五经群书，作《皇览》；又曾受诏作《都官考课》《乐论》《法论》和《人物志》等。《人物志》共分三卷，其中包括《九征》《体别》《流业》《材理》《材能》《利害》《接识》《英雄》《八观》《七缪》《效难》《释争》等十二篇。这既是刘劭做官从政的经验之谈，又是我国古代和三国时人才思想的精辟总结。它是我国古代唯一的一部人才专著，"王者得之为知人龟鉴，士君子得之为治性修身檠栝，其效不为小矣。"[①] 在这部著作中，刘劭对于人才的发现与

---

① 阮逸《人物志序》。

鉴别，人才的类别与使用以及人才的心理及道德修养等问题都进行了专门研究，提出了自己的独到见解。

一、人才的发现与鉴别

只有知人，才能善任；只有发现人才，才谈得上使用人才。刘劭在《人物志》中将人才的发现与鉴别放在了首位。在自序中，他开宗明义，首先提出知人问题："夫圣贤之所以美，莫美乎聪明；聪明之所以贵，莫贵乎知人。"[1]他认为圣贤的过人之处就是耳聪目明，他们能够察微知著，能够洞察一切，尤其是能够识别人才。因为只有知人，才能使各类人才各得其所，才能完成治国安邦的大事业。因此他还明确指出：古代的圣君贤相都是"劳聪明于求人，获安逸于任使"[2]。由于他们在"求人"上即选择人才方面下了功夫，所以在使用人才之后自己才得到了安逸，才有可能"拱己无为"，无为而治。

究竟如何才能发现人才呢？王符曾说："唯圣知圣，唯

---

[1] 《人物志》。
[2] 同上。

贤知贤。"① 刘劭也同意这种观点,并进一步指出:"一流之人,能识一流之善;二流之人能识二流之善;尽有诸流,则亦能兼达众材,故兼材之人与国体同。"他认为只有"兼材"之人,才能正确鉴别各种人才。刘劭指出:识别人才的人必须客观公正,切忌"以己观人"。如果只从自己的兴趣和爱好出发选拔人才,只赏识和自己相类似的人,排除和自己有不同特长的人,这样自然会埋没人才②。与此同时,刘劭还指出了"以貌取人"的偏差,他说:"或以貌少为不足,或以瑰姿为巨伟,或以直露为虚华,或以巧饰为真实。"③ 这样往往会误以贤才为非才,或者误以不肖为贤才。人们常说:"人不可貌相,海水不可斗量。"真正的人才并不一定都是美男子,相反,对那些瑰姿巧饰之人也不能误认为是人才。

那么究竟如何鉴别人才呢?刘劭提出了别出心裁的"八观""五视"法。什么叫"八观"?

一是"观其夺救以明间杂"。看一个人追求什么,掩盖什么,就能了解他的思想境界,知道他的缺点、毛病。

二是"观其感变以审常度"。观察一个人感情的喜怒变

---

① 王符《潜夫论·本政》。
② 《人物志》。
③ 同上。

化,即可知道他固有的道德品质。

三是"观其志质以知其名"。这个人在将来的功业与知名度如何,观察他的气质和志向就可以预知。

四是"观其所由以辨依似"。观察一个人所凭借的基础,可以判断其是非、真假。

五是"观其爱敬以知通塞"。观察一个人喜欢什么,崇敬什么,可以了解他是否通达,是通情达理,还是不达事理。

六是"观其情机以辨恕惑"。观察一个人情绪的动静、变化,可以了解一个人的性格特点,了解他是一个宽洪大量的人,还是一个心胸狭窄的人。

七是"观其所短知其所长"。真理多走半步就是谬误,优点当中包含着缺点。同样,一个人的短处当中也包括长处。

八是"观其聪明以知其所达"。观察一个人的聪明程度,即可了解他的知识水平、认识能力。

人们常说:"眼观六路,耳听八方。"这是说聪明人对事物的观察细致入微,任何虚假的现象都难逃他们的耳目。刘劭讲的"八观"法则是指从不同角度对一个人进行观察,其中有些道理虽然不尽科学,观察的内容也有重复之处,但它却是从人的内心活动、外部表情乃至二者之间交互影响的角度进行观察的。这种由表及里、由此及彼,从现象到心理

第七章 刘劭的人才观和他的《人物志》

活动的详细观察，还是有利于了解一个人的才能和品质的。应该承认，用"八观"法发现和鉴别人才，这在当时是十分先进的做法，即使在今天对我们也是有借鉴意义的。

什么叫"五视"呢？这就是刘劭所说的：

"居，视其所安"。在日常生活中，观察一个人有什么习惯、爱好。比如是喜欢读书学习呢，还是喜欢架鹰走狗呢？它可以使人看出这个人的优劣。

"达，视其所举"。一旦发达之后，看他推举什么人。物以类聚，人以群分。惺惺惜惺惺，英雄爱英雄。从一个人推荐的人的优劣好坏，也可以看出他的本质。

"富，视其所与"。一个人发财之后，是为富不仁者，还是普济众生呢？从此可以看出截然不同的两种人。

"穷，视其所为"。一个人处在穷途末路、生死关头时，究竟是为个人活命而挣扎、置他人生死于不顾呢？还是将个人生死置之度外，一心挽救他人、挽救集体而奋斗呢？这是考验一个人的关键。

"贫，视其所取"。人们常说："人穷志不短。"有些人生活虽然贫困，但却很有志气，既无非分之想，也不取非分之物。但也有一些人"人穷志短"，为了生存而失去了应有的人格。因此，生活贫困也是对人的一种考验。

"五视"法是在五种特定的生活环境中观察人才的优劣，它有一定在客观上的可信性。这种办法对发现和鉴别人才有一定参考价值。

二、人才的类别与使用

刘劭指出："人才各有所宜，非独大小谓也。夫人才不同，能各有异，故量能授官，不可不审也。"① 这就是说，人才各有自己所宜于担负的任务，不仅仅是指人才的大小而言，人们的能力也是有区别的。因此，要使人才任用合理，就不仅要考虑才能的大小，而且要考虑各有什么能力。要因人而异，量能授官。于是正确地划分人才的类别就成为能否正确使用人才的一个先决条件。

从总体上看，刘劭将人才划分为两种、三类。他认为，人才首先有君才与臣才之分，这是两种有鲜明区别的人才。他说："臣以自任为能，君以用人为能；臣以能言为能，君以能听为能；臣以能行为能，君以能赏罚为能。"这就是说，做臣子的要有完成任务的能力，做君主的则要有用人的能力；

---

① 《人物志》。

第七章　刘劭的人才观和他的《人物志》

做臣子的要具备提出不同意见的能力，做君主的则要具备采纳不同意见、择善而从的能力；做臣子的要具备实行的能力，做君主的则要有检查违误、信赏必罚的能力。能自任、能言、能行这是臣才的基本特征，而会用人、能听、能赏罚则是君才的主要特征，这两种人才的能力不同，他们所担负的任务也自然不同，这是人才分类当中首先应该弄清的第一个大问题。

其次，在《英雄》篇中，刘劭又把人才分为三类，即英才、雄才、英雄之才。他指出："聪明秀出谓之英，胆力过人谓之雄。"合"英"与"雄"则谓之"英雄"。刘劭进一步举西汉初年的事例说，像张良那样"聪明能谋始，明能见机，胆能决之"，可以算作"英才"；而像韩信那样"气力过人，勇能行之，智足断事"，可以算作"雄才"。"故英可以为相，雄可以为将。""英才"也好，"雄才"也罢，毕竟是一个方面的专才，充其量只能算作是"臣才"，因此"徒英而不雄，则雄才不服；徒雄而不英，则智者不归往"[1]。刘劭曾举例子说：项羽"英分少"则"智者去之"，"陈平之徒皆亡归"。只有像刘邦那样，既有雄才，又有一定英才，"故群雄服之，

---

[1] 《人物志》。

英才归之。"① 由此可见，"一人之身，兼有英雄，乃能役英与雄；能役英与雄，故能成大业。"② 因此刘劭又明确指出："若一人之身兼有英雄，则能长世。"③ 一个人只有身兼英才与雄才的本事，才有可能成为最高统治者，有可能成为君才。

为了便于人才的分类与任用，刘劭又把臣才划分为三类、十二种。他首先把臣才分为"兼德"之才，即德行高尚者；"兼材"之才，即德才兼备者；"偏材"之才，即才高德下者。正是根据这"三才"的多少、大小及其变化，刘劭又把人才划分为十二种，即：

"清洁之才"，又称"清节家"。他们道德高尚，具有"自任之能"。因此对这些人应授"师氏之任"。

"法家之才"，他们善于制定法制。具有"佐公论证""计策之能"，应授"三孤之任"。让他们协助天子议论、制定或修正政策法令。

"术数之才"，又称"术家"。他们"权智有余"，机智多变，具有"人事之能"，应授"冢宰之任"。让他们担

---

① 《人物志》。
② 同上。
③ 同①。

第七章　刘劭的人才观和他的《人物志》

任百官之长或吏部长官。

"伎俩之才"，他们精于技艺，具有"权奇之能"，应授"司空之任"，由他们负责土木工程。

"臧否之才"，他们善辨是非，具有"司察之能"，应授"师氏之佐"，充当太师的辅佐。

"豪杰之才"，他们胆略过人，具有"威猛之能"，应授"将帅之任"。

"国体之才"，他们三才兼备，具有"论道之能"，应授"三公之任"，由他们担任国家的最高行政长官。

"器能之才"，他们"三才而微"，但却具有"行事之能"，即善于处理具体事务。应授"冢宰之佐"，可以充当冢宰的副手。

"儒学之才"，他们深明圣教，又笃于修养，具有"师人之能"，应授"安民之任"，可以负责治理百姓，充当中央或地方的行政长官。

"文章之才"，他们擅长著述，具有"纪述之能"，可授"国史之任"，可以担任修国史的工作。

"辨给之才"，他们善于应对，具有"口辨之能"，应授"行人之任"，即可以担任送往迎来的外交官员。

"智意之才"，他们长于解疑，可以为人师长。

刘劭说："凡此十二才，皆人臣之任也。"用人要用其所长，弃其所短。刘劭详尽地区分了十二种人才的特点，又提出了对十二种人才任用的意见，他这种人才分类法和人才任用的方案值得借鉴。

三、人才的道德修养

如何对待自己？如何对待别人？如何处理个人和他人的关系？这是一个人才的道德修养问题，它关系到每个人才的成败。

刘劭在《人物志》中曾说："钧才好学，明者为师；比力而争，智者为雄；等德而齐，达者称圣。"这里所谓的"明者""智者""达者"，一方面是指知识渊博的人，另一方面也包含能否正确对待自己之意。老子曾说："自知者明，自胜者强"[1]。"人贵有自知之明。""明者""达者"应是指那些能够正确对待自己的人。正如刘劭所说："善以不伐为大，贤以自矜为损。"[2] 一个人具备杰出的才能和高尚的情操，如果他不自夸就会为人所重；如果他骄傲自大，目空

---

[1] 《老子》。
[2] 《人物志》。

一切，反而会被"众人所小"。一个人即使身为圣贤，如果自吹自擂，也会"为人所贱"[1]。那些"矜功伐能，好以凌人"的人，是缺乏道德修养的人。

刘劭指出，一个人如果不能正确对待自己，必然也不能正确对待别人，往往会出现"自以为贤人"与"是己非人"的现象。这就是现代人常说的那句话："把自己看作一朵花，把别人看成豆腐渣。"用这种态度处理人与人之间的关系，自然会导致互相忌妒、互相攻击，以致发展到"怒而相害"的程度。"是以在前者人害之，有功者毁之，毁败者幸之"。对于那些走在前面的人，对于那些对社会有贡献的人，这种人不是爱护他们，而是戕害他们；不是赞誉他们，而是诋毁他们。一旦有人失败了或者出现了什么错误，这些人又都幸灾乐祸。这种社会环境和人际关系怎能有利于人才的成长和使用呢？归根结底，它对每一个人都是不利的。

刘劭希望人们努力改变这种"自伐""自矜""自益"的不良作风，树立一种谦虚的美德。他尖锐地指出，"自伐""自益"是小人的作风，而谦虚谨慎、虚怀若谷才是君子之风。他说："小人不知自益之为损，故一伐而并失。"缺乏见识

---

[1] 《人物志》。

的小人看不到"自益"会给自己带来损害,结果不仅损害了自己,而且损害了别人。因此君子应该引以为戒。刘劭说:"君子之求胜也,以推让为利锐,以自修为棚橹。""内勤己以自济,外谦让以敬惧。"这就是说,君子在竞相成才的过程中,不是骄矜自是,而是谦恭推让;不是贬低别人,而是努力发现自己的不足,用"勤己"和"自修"的办法自我完善。他们成才的策略是:寓上于下,寓胜于让,寓不争于争。因此刘劭概括说:"下众者,上之也","不伐者,伐之也;不争者,争之也;让敌者,胜之也。"[①]谦虚使人进步,骄傲使人落后,一个具备了谦恭不伐美德的人,终究会成为与众不同的杰出人才。

刘劭还曾指出,有人常常怨恨别人轻视自己,或者忌恨别人胜过自己,这实际上是自寻烦恼,自寻短见。因为高低上下自有客观标准,而且自有公论:如果你自己确实知识浅薄,人家轻视你,那是实事求是,并没有冤枉你;如果你有才能别人不了解,那不是你的过错;如果人家比你高明,名字列在你的前面,那是理所应当的,本来就不应该忌妒和怨恨。如果你们双方都是有杰出才能的人,但又互相闹矛盾,那

---

① 《人物志》。

主动谦让者才显得更明智一些。比如廉颇、蔺相如相争,蔺相如主动让步,显示出他胸怀宽广的美德;东汉大将寇恂不与贾复争能,更显得他有度量、有风度,从而赢得对方的心悦诚服。由此可见,真正的人才是胸怀宽广的人,是有度量能容人的人,刘劭关于人才自我修养的论述值得希望成才者三思。

第八章　九品中正制对人才的影响

九品中正制又叫九品官人法，是曹丕根据陈群的建议实行的一种品评人才、选拔官吏的制度。

魏晋以后直到南北朝，大部分官吏都由吏部尚书择任。公元220年，曹丕接受了吏部尚书陈群的建议，实行了九品中正制。《通典·选举典》记载说："魏文帝时，三方鼎立，士流播迁，四人错杂，详核无所。延康元年，吏部尚书陈群以天朝选用不尽人才，乃立九品官人之法，州郡皆置中正以定其选。择州郡之贤有识鉴者为之，区别人物，第其高下。"

延康元年是汉献帝的年号，即公元220年，亦即魏文帝黄初元年。陈群建议实行这一制度，其出发点还是为了发动各地的"贤有识鉴者"帮助吏部尚书选拔人才。因为当时天下大乱，"士流播迁，四人错杂，详核无所"，不能用正常的办法考查和选拔人才。于是由司徒在中央任职的世族门阀中,选择"贤有识鉴"的官员兼任本州的大中正,或本郡的小中正,负责察访散处各地的本州、郡的士人,综合他们的门第、德才定出"品"和"状"。定品主要考虑家世官位的资历,所谓"计资定品";"状"是根据士人的德才行为下一个简短的评语。品分九等,即上上、上中、上下、中上、中中、中下,下上、下中、下下。评选后由小中正汇报给大中正,大中正最后再核定一下等第,呈报吏部尚书,以此作为吏部选任官吏的依据。

开始规定,三年清理一次,即每经三年重新品评一次。郡中人才被分为九等后,还可以升降。有言行修著者,可以由低等升为高等;有道义亏缺者则要从高等降为低等。后来,不能坚持三年一品,士人偶有不慎,受到贬降,往往终身不得录用。例如陈寿将母亲葬于洛阳,而不归葬四川本籍,被认为是越礼,遭贬议,因此废弃终身。

九品中正制刚设立时,立法很严。一般中正尚能秉公办事。中正品评人才,吏部选用官吏,主要看人才的优劣,不太考虑世族高低,与曹操唯才是举的精神基本一致。正如晋人卫瓘所说:"其始造也,乡邑清议,不拘爵位,褒贬所加足为劝厉,犹有乡议余风。"①它对曹丕进一步选拔人才,巩固曹魏的统治,起到了一定促进作用。

但后来执行时间长了,逐步出现了不少弊端。这主要是由于担任小中正和大中正的多为门阀世族,他们爱憎由己,任意高下,漫无标准,根本无公平可言。最后实际上变成了按门第高低选拔官吏的制度。发展到西晋时,九品中正制就成为世家大族巩固政治权力的有力工具。当时,各州郡的大中正、小中正以及朝廷的吏部尚书都由大族担任,资财的多少、门第的高低、家世的兴衰成为选拔人才的主要标准。中正官依据士人的籍贯以及祖、父的官位,定门第的高低,吏部尚书依据门第的高低作为用人的标准。从而出现了"公门有公,卿门有卿""衰则削下,兴则扶上"的情况。因此,时人称这种选举法为"门选",即根据每个人的出身门第选用人才。任何人,包括皇帝也不能侵犯高级世族做高官的特权。从此以后至东晋时期,统治阶级用人只重门第,不问才识,只用世族,排斥庶族,使当时的统治集团变成了"上品无寒门,下品无势族"的状况。不少有作为的人才被埋没、被摧残,整个统治阶级则日益腐朽没落。

---

① 《晋书·卫瓘传》。

第八章　九品中正制对人才的影响他的《人物志》

西晋时期，一些有见识的政治家已经对九品中正制进行过批判。比如，西晋武帝的尚书仆射刘毅就曾上书要求"罢中正，除九品"，《晋书·刘毅传》和《通典·选举典》都详细记载了刘毅的上书，他说："夫九品有八损，而官才有三难，皆兴替之所由也。人物难知一也，爱憎难防二也，情伪难明三也。今之中正定九品，高下任意，荣辱在手，操人主威福，夺天朝权势。爱恶随心，情伪由己，上品无寒门，下品无势族，公无考核之负，私无告诉之忌，损政之道一也。置中正者，本取州郡清识，咸所归服，将以镇异同，一言议。不谓一人之身了一州之才，一人不审，遂为坐废。……使是非之论横于州里，嫌隙之仇，结于大臣，损政之道二也。……今之中正坐徇其私，推贵异之器，使在九品之下。负戴不肖，越在成人之首，损政之道三也。……凡官不同事，人不同能，今九品不状才能之所宜，而以九等为例，以品取人，或非才能之所长，以状取人则为本品之所限。若状得其实，犹品状相妨，况不实者乎。损政之道七也。……今之九品，所下不彰其罪，所上不列其善，废褒贬之义，任爱憎之断，天下之人安得不懈于德行而锐于人事乎。损政之道八也。职名中正，实为奸府。事名九品，而有八损。"①

因此，刘毅尖锐地指出：九品中正制"自魏立以来，未见其得人之功，而生仇薄之累。毁风败俗，无益于化"。"古今之失，莫大于此，愚臣以为宜罢中正，除九品，弃魏氏之弊法，立一代之美制"②。

晋武帝时的段灼也曾公开批判过九品中正制，他说："今台阁选举，涂塞耳目，九品访人，惟问中正。"结果选才任官都不公正，"故居上品者，非公侯之子孙，则当涂之昆弟也。"③九品中正制不能发挥发现人才、正确地选拔人才的作用，反而起到了埋没人才、摧残人才的社会效果，因此这种制度迟早要被历史所淘汰。

---

① 《通典·选举典》。
② 《晋书·刘毅传》。
③ 《晋书·段灼传》。

第九章　唐太宗李世民的用人之道

唐太宗李世民是封建社会少有的"至治之君",《新唐书·太宗本纪》说,唐朝传世二十,其中可以称述的只有三位国君,即太宗、玄宗、宪宗。但玄宗、宪宗晚年失误太多,"皆不克其终"。只有唐太宗"其除隋之乱,比迹汤武;致世之美,庶几成康。自古功德兼隆,由汉以来未之有也"。这种评价并非过甚之词。李世民为什么能取得如此伟大的文治武功呢?其中一个重要的原因,就是因为他实行了一条不同于一般帝王的用人之道。

一、突破陈腐的用人原则

"一朝天子一朝臣",这是绝大多数帝王用人的基本原则,而唐太宗用人却彻底突破了这个陈腐的原则,实行了一条相反的原则:一朝天子几朝臣。这是唐太宗用人政策的第一个突出特点。

唐朝刚刚建立几年，唐太宗李世民就通过玄武门之变夺取了中央政权。当时，可供唐太宗选拔使用的共有四部分人：第一，唐高祖李渊遗留下来的中央政府班底。第二，原秦王府李世民的功臣亲信。第三，与李世民对立的太子李建成和李元吉的部下。第四，游处全国各地、包括少数民族地区的人才。

唐高祖李渊出身于名门世族，虽然被迫起兵反隋，但他思想观念却偏向于保守落后。他夺取天下后，主要通过广封宗室贵族和网罗各支世族地主的办法巩固自己的统治。在他先后起用的十二个宰相中，其中有一半是皇子、妻族，另外六人则是历代皇族后裔和世家大族：隋朝宗室贵族杨恭仁，梁皇族萧瑀，陈皇族陈叔达，关东世族封德彝，关中世族裴矩。他们虽然有人曾起来反对隋炀帝，但基本上属于前朝帝王、贵族和当代衣冠之家。他们思想保守，观念陈旧，很难与唐太宗通力合作。因此，唐太宗上台后，立即改弦更张，实行了一条新的用人路线。首先，他认为广封宗室不利于天下稳定。于是，他下令将宗室郡王降为县公，只有立有战功的几人不降。对皇室成员也实行论功行赏的原则。这种削弱宗室贵族特权的做法，既是对宗室势力的一种限制，又是对传统的任人唯

第九章　唐太宗李世民的用人之道他的《人物志》

亲政策的一种突破。它强调,即使是贵为天子子孙,要想保持或提高自己的社会政治地位,也必须为国立功,有所作为,而不应坐享其成,不应成为社会上的寄生虫。历史证明,唐太宗这种宗室政策是正确的、英明的。在唐朝,宗室贵族既没有形成强大的威胁中央集团的分裂势力,也没有形成像明朝那样压在人民头上的腐朽黑暗势力。相反,在唐朝的宗室贵族中还出现了不少人才,在整个唐代,出身宗室的李姓宰相就有九人,除了李林甫奸佞祸国之外,其他人还是因才任职,有所建树的。

其次,对武德年间一些徒有其名、尸位素餐或威胁自己统治的人,唐太宗也是坚决罢黜。因此,李渊的宠臣裴寂以及唐俭、长孙顺德等人先后受到贬逐,但对于隋朝和武德年间的大臣,唐太宗也不是一概排斥,而是努力争取、教育,尽量化消极因素为积极因素。因此,裴矩、封德彝、萧瑀等后来又成为贞观年间的重臣。裴矩、封德彝在隋炀帝时都是谄媚国君、不敢正言极谏的人,但在唐太宗的批评教育下,都有相当大的转变。比如唐太宗即位不久,曾接受了用试贿的办法识别官吏的建议,决定要处死一个受贿的官吏。裴矩直言极谏,认为天子不能用阴谋诡计欺骗下属,不能杀害这个官员。唐太宗不仅采纳了他的建议,而且召集文武五品以上官员对他进行表彰。对于封德彝的缺点和错误,唐太宗曾经进行过尖锐的批评,但对他的长处也不埋没,因此,封德彝也为李世民治国提供了不少有价值的建议。武德时的老臣萧瑀,才学过人,耿直不阿,但他遇事偏激,而且心胸狭隘,好怀疑人、忌恨人。对他的缺点唐太宗曾多次进行批评,比如,有一次唐太宗对他说:"卿之守道耿介,古人无过也。然而善恶太明,亦有时有失。"[①]萧瑀有一次向李世民告发说:房玄龄有可能谋反。房玄龄对李世民忠心耿耿,李世民也对房玄龄绝对信任,因此李世民严厉批评萧瑀说:"为人君者,驱驾英才,推心待士,公言不亦甚乎?"告诫他不要捕风捉影,不要乱猜疑。但在房玄龄等人面前,李世民却多次称赞萧瑀忠诚耿直,说他"不可以厚利诱之,不可以刑戮惧之,真社稷臣也"。并且写诗称赞萧瑀:"疾风知劲草,版荡识诚臣。"唐太宗不仅先后让萧瑀担任了尚书左仆射、御史大夫等重要职务,而且给予他极高的评价[②]。

如何对待原秦王府的功臣亲信,这是李世民即位之后遇到的另一个大问题。这些人多年跟随李世民南征北战、东讨

[①]《旧唐书·萧瑀传》。
[②]《新唐书·萧瑀传》。

第九章　唐太宗李世民的用人之道他的《人物志》

西杀，鞍前马后立下了不少功劳。尤其是在李世民与太子李建成和四弟李元吉争夺政权的斗争中，这些人对李世民忠心耿耿，为李世民上台出谋划策，效劳卖力，不愧为李世民的中坚力量。同时，他们与李世民思想上也比较合拍，感情上也比较融洽，也是李世民实行改革、刷新政治的依靠力量。因此，在李世民初掌朝政时，这些人曾不同程度地受到重用和信任。但与此同时，唐太宗又意识到，自己身为天子，不能只信任和重用自己的老部下，不能只用旧属，不用新人。因此，对秦王府的旧部下，李世民也是唯才是用，像房玄龄、杜如晦、高士廉等人先后被任命为宰相，尉迟敬德、程咬金等人也都委以重任。而对那些功劳不大、才能平平的人，唐太宗却不予以重用，不论谁来说情也无济于事。有一次，身为中书令的房玄龄对唐太宗说：原来秦王府的旧臣还有不少人没有获得官职，他们牢骚满腹，说："我们眼下还不如太子府和李元吉的部下，他们不少人都当了官，我们倒没事了。"李世民当即对房玄龄提出了批评，说：我身为天子，就必须至公无私，用人不能分亲疏远近。你知道，丹朱、商均，是尧和舜的儿子，但他们没有才能，表现不好，尧、舜就没有传位给他们；管叔、蔡叔是周公的兄弟，但却因起兵造反被周公杀掉了。如今朕择才而举，只问是否称职，怎么能对新人、故旧因人而异呢?"才若不堪,亦岂以旧而先用"[1]?并且批评房玄龄身为宰相,对这种不合理的意见不进行批评,反而和他们一起发牢骚,这是一种失职。后来,又有人给李世民出主意,为了酬报功臣,请对秦王府的旧兵都授予武职,编入中央禁军的宿卫军当中。李世民又坚决拒绝了,并正色批评说:"朕以天下为家,不能私于一物,唯有才行是任,岂以新旧为差?"[2]

如何对待自己的政敌,这是唐太宗上台之后面临的又一个严峻考验。唐太宗的高明之处正在于,对于敌党也不是斩尽杀绝,而是区别对待。对于其中富于军事、政治、经济才能的人则是努力争取、安抚,尽量化敌为友,发挥他们的作用。在李世民夺权以前,李建成身为太子,李元吉则是与李世民地位相当的王子,他们都在"争取名臣以自助"。因此,李纲、魏徵、王珪、欧阳询等十余人投靠了李建成;荣九思、袁朗等人则投靠了李元吉。当时大家各为其主,剑拔弩张,势不两立。但在李世民即位之后,形势却发生了根本变化。建成集团中的文臣武将也不都是死心塌地的反对派,其中的

---

[1] 《贞观政要·公平》。
[2] 同上。

第九章　唐太宗李世民的用人之道他的《人物志》

一般乃至重要成员，并不从根本上反对唐太宗，更不想与新朝对抗到底。只要新的天子能够"以国士待之"，他们则会感恩不尽，也会"以国士报之"，将他们的才智贡献给唐太宗。因此唐太宗对他们采取了捐弃前嫌，合理使用的政策。比如魏徵，早年参加过瓦岗寨农民起义军，归唐后做了太子李建成的主要谋士，曾经劝李建成除掉李世民，说什么先下手为强，后下手遭殃。只因李建成优柔寡断，让李世民抢先夺了权。玄武门之变后，李世民追查李建成的亲信，发现了魏徵这一建议，唐太宗抓住魏徵，问："你为什么为建成出谋划策，与我敌对？"魏徵毫无惧色，说："人各为其主，可惜建成不听我的劝告，否则今天胜负成败尚未可知呢！"唐太宗发现魏徵不仅足智多谋，而且刚正不阿，是一个治国的良才，于是不计前嫌，先是任命魏徵为谏议大夫，后又提拔他为宰相，使魏徵成为贞观年间的第一位名臣。

唐太宗所信任和重用的第四部分人则是农民军领袖、来自民间的拔尖人才和少数民族的杰出将领。比如，勇武过人、战功累累的李勣、秦叔宝、程知节就是曾与李唐拼死相争的瓦岗寨义军将领，张亮、马周、杜正伦等人则是出身寒微的民间人才，阿史那杜尔、黑齿常之、契苾何力等则是骁勇善战、忠心耿耿的少数民族将领。

正因为李世民突破了一朝天子一朝臣的界限，突破了宗室贵族和功臣亲信的界限，又能够不计前嫌，不讲什么华夷之分、贫贱之别，因此才使他从当时的各阶层、各民族中选拔出一大批杰出的人才，组成了一个能力卓著、效率突出的中央统治集团。他们不愧为一批治世之能臣，他们是实现贞观之治的中坚力量。

二、正确处理德、才关系

如何处理德、才关系，自古以来，这都是人才选拔、官吏任用的一个大问题。先秦诸子对这一问题曾做过不同的论述，秦皇、汉武对这一问题有不同的政策，三国的曹操大力实行唯才是举，前秦的名相王猛也主张"无才而不任"，但越到后代，封建统治者越强调德的比重，因此司马光明确指出"取士之道，当先德行，后文学"，实际上是主张用人以德为本。唐太宗李世民在选才用人的标准上有自己的见解，他既不是只重才不重德，也不是只重德不重才，而是一方面明确提出选拔人才要唯才是与，另一方面又不断强调要才、德并举，德才兼备。

在处理才能与亲疏、才能与门第、才能与年龄、才能与

第九章　唐太宗李世民的用人之道他的《人物志》

资历的问题上，唐太宗都是强调前者，而反对强调后者。

唯才是与，不论亲疏是李世民用人的一条重要原则。比如，唐太宗鼓励大臣们推荐人才，但却有人议论说，大臣们推荐的人才非亲即故，都是搞任人唯亲。李世民为了打消大家的顾虑，说："朕今孜孜求士，欲专心致道，闻有好人，则拔擢驱使。而议者多称彼者皆宰臣亲故，但公等至公，行事勿避此言，使为形迹。古人'内举不避亲，外举不避仇'，而为举得其贤故也。但能举用得才，虽是子弟及有仇隙，不得不举。"[1]在这里他强调的是出以公心，举得其才，选拔人才首先应考虑才能，而不应首先考虑亲疏远近。

在任用长孙无忌的问题上，唐太宗坚持的正是这种"唯才是与"和"内举不避亲"的原则。长孙无忌是长孙皇后的弟弟，此人聪明颖悟，自幼好学，博通文史，多有谋略，而且功勋显赫。李世民刚一即位，就提拔他为左武侯大将军。第二年即贞观元年（公元627年），又提升他为吏部尚书，拜尚书右仆射，给他以开府仪同三司的崇高待遇。长孙皇后和长孙无忌本人苦苦请求，唐太宗才解除了他尚书右仆射的职务。但时隔不久，又要提拔他为司空。长孙无忌再次推辞，

---

[1]《贞观政要·公平》。

他舅舅高士廉也极力反对，李世民说明了自己用人的基本原则，他说："吾为官择人，唯才是与。苟或不才，虽亲不用。……如其有才，虽仇不弃……今日所举，非私亲也。"[①]依然提拔了长孙无忌，后来又让他担任司徒、侍中等职，使长孙无忌成为一代名臣。

对于其他宗室贵族，李世民也使用同样的原则。比如江夏王李道宗是李世民的堂兄弟，此人"军谋武勇，好学下贤，于群众之中，称一时之杰"，而且战功卓著。因此，李世民即位不久，即封为鸿胪卿，后又升任左领军、大理卿、刑部尚书、礼部尚书。李世民的另一个堂兄弟李孝恭，礼贤下士，善于用人，而且能征惯战，威名传天下。因此，李世民即位后就提拔他为礼部尚书。但对于那些缺德少才、没有功劳的宗室贵族，李世民却拒绝重用。比如他的一个堂叔父李神符，既没有能力，又屡打败仗，一向没有威信，而且"不良于行"。因此李世民毫不客气，将他免官，让他回家养老。这就是李世民所讲的那个"苟或不才，虽亲不用"的例子。

在对待才能与门第的问题上，李世民敢于不计门第，起用新人。他曾经明确地批评过"龙生龙、凤生凤"的门第观念，

[①] 《资治通鉴》贞观七年。

第九章　唐太宗李世民的用人之道他的《人物志》

说："汉高祖与萧、曹、樊、灌皆起闾阎布衣，卿辈至今推仰，以为英贤，岂在世禄乎！"①因此，他一旦发现杰出的人才，就能不计出身门第，立即起用。名臣马周的被重用就是一个典型的例子。马周从小失去父母，是个穷苦的孤儿。从小养成了一种旷达不羁的性格，乡亲父老对他有不少偏见。后来，他几经曲折，到了长安，在自己的老乡中郎将常何家当一名门客。当时，唐太宗要文武百官上书批评朝政得失，提合理化建议。常何出身行伍，胸无点墨，武虽能开弓，但文却不会写字，只好让马周代写。唐太宗看了常何送来的二十余条意见，不禁拍手叫绝。但同时又感到十分奇怪，这位朝夕见面的赳赳武夫什么时候学来了这笔好文章？追问常何，这是谁的手笔？常何为人老诚，如实说明了情况："此非臣所能，家客马周教臣言之。"唐太宗立即派人召马周上殿，接连派出四批使者。马周来后，太宗与他谈论国家大事，马周讲得头头是道。唐太宗十分佩服马周的卓越见识，很快就任命他为监察御史，同时因常何推荐人才有功，"赐帛三百段"②。后来，唐太宗又不断对马周加官晋爵，曾让马周担任吏部尚

---

① 《资治通鉴》贞观十二年。
② 《新唐书·马周传》。

书和中书令等要职，使马周成为贞观年间的又一位名臣。

绛州龙门人薛仁贵也是出身寒微，但他在东征战场上一马当先，勇不可当，冲锋陷阵，所向披靡，因此李世民立即提拔他为游击将军。后来薛仁贵成为唐朝前期的一代名将。

在对待才能与年龄的问题上，唐太宗不问年龄大小，只要有才能，年轻的人他敢于破格提拔，年老的人他也不嫌弃。贞观年间，在中央政府担任尚书仆射、门下省侍中以及中书令和吏部、兵部尚书的人当中，年龄三四十岁的不乏其人，比如：李道宗二十七岁任大理卿，二十九岁任刑部尚书；李孝恭三十四岁任礼部尚书；马周任监察御史时不过三十岁，升为中书令时才四十三岁；杜如晦四十一岁任兵部尚书，四十四岁任尚书左仆射。名将李靖也曾在中央任重要职务，他担任尚书右仆射时已五十九岁，六十三岁时因病辞职，但唐太宗仍让他管理军队并让他参与朝政。这就是贞观年间的老臣了。在唐太宗的中央政府担任重要官职的多为年富力强的中青年，这是贞观年间办事效率高、政治稳定的一个重要原因。

在对待才能与资历的关系上，唐太宗也是不看资历，主要看才能高低。比如，有一位名叫张行成的人，当时是一位比七品芝麻官还小两级的富平县的九品主簿。但他办事干

第九章　唐太宗李世民的用人之道他的《人物志》

练，理政有方，清正刚直，李世民就破格提拔他为给事中、刑部侍郎、尚书左丞，最后提拔为侍中兼吏部尚书。再比如崔仁师，开始也是一位比芝麻官还小的八品州录事参军，但由于他才华出众，学识、能力都与众不同，于是唐太宗任命他为殿中侍御史，后又任命为度支郎中、民部郎中。

总之，在处理德才关系时，唐太宗首先强调的是"才能"，他认为选拔人才要以"才"为主要标准。这种认识是符合用人规律的。古代人才的特征主要是管理能力和统治能力。唐太宗根据巩固统治的需要，将这种能力作为人才的首要标准，按照才能的大小去选拔人才，从而使自己的文臣武将有较强的适应能力，使当时的中央政府有较高的办事效率，这种认识和做法是正确的。

但是，唐太宗选拔人才也不是只重才不重德，而是将德行作为选官用人的一个重要条件。比如，贞观初年，科举取士出现了一种重才轻德的苗头："惟取其言辞刀笔，不悉其景行。"唐太宗为此感到十分不安，明确提出批评，他说：选官用人采取这种重才轻德的做法，"数年之后，恶迹始彰，虽加刑戮而百姓已受其弊。"[1]为了纠正这种倾向，唐太宗

---

[1] 《贞观政要·择官》。

将德行也纳入选才的标准,主张对人才的选拔要全面衡量,"不可造次即用","用人弥须慎择"。贞观十年(公元636年),他颁发了一道"求访贤良"的诏书,其中就明确提出德才兼备的主张,这份诏书说:推荐人才,"或识达公方,学综今古,廉洁正直,可以经国佐时;或孝悌惇笃,节义昭显,始终不移,可以敦风励俗;或儒术通明,学堪师范;或文章秀异,才足著述。并宜荐举,具以名闻。"[①]在这里,唐太宗既强调了才,又强调了德,人才不仅要"学堪师范""才足著述",而且要"廉洁正直""节义昭显"。二者不能偏废。对于那些有德少才或者有才缺德的人,唐太宗都不予以重用。据《旧唐书·杨恭仁传》记载,杨恭仁早年即有廉正清风的声誉,入唐后在德行方面也为人们所称赞。但其德行有余才识不足。因此,在武德年间他虽升任宰相,贞观时唐太宗却因他没有相才而贬为外官。而许敬宗却是另一种典型,据《旧唐书·许敬宗传》记载,许敬宗早在武德年间就是"文皇入馆之宾",但贞观年间却一直未受重用,原因何在呢?作者写道:"高阳(敬宗)之文学宏奥","然而太宗任遇相殊者,良以高阳才优而行薄故也。"由此可见,唐太宗既重视人才的智能

---

① 《令唐文·求访贤良限来年二月集泰山诏》。

素质，又重视人才的品德素质。因此可以说：唐太宗的用人政策是德才兼备的用人政策。

三、用人之长，不计其短，充分信任，用人不疑

欧阳修、宋祁在《新唐书》列传二十三的赞语中说："王者用人非难，尽其才之为难。"李世民自己则说："用人如器，各取所长。"[①]用人之长，不计其短，使人尽其才，才尽其用，这是自古以来用人的一个基本原则，唐太宗在这方面也做得相当成功。

首先，唐太宗对自己的下属是十分了解的，哪个人有什么特长，有什么缺点与不足，他基本上都能了如指掌。因此，在他用人时就能用其所长，扬长避短。比如房玄龄、杜如晦、魏徵、长孙无忌等，不仅多谋善断，处事有方，而且"落拓大志"，具有远见卓识，胸怀坦荡，于是唐太宗提拔他们担任侍中、尚书仆射、中书令等要职，让他们参谋国家大事，制定大政方针，辅佐朝廷，共治天下。姚世廉、虞世南、颜师古、孔颖达、褚亮、令狐德棻等才学满腹，博闻强记，善

---

① 《纲鉴易知录》太宗贞观元年。

文章，能谈论，唐太宗就任命他们为秘书监、国子祭酒、著作郎、太学博士等，让他们或掌文翰，或整修经史，或著书立说，或讲学论道。李靖、李勣等，文武全才，尤善武略，唐太宗让他们出任军事统帅，担任兵部尚书等职，或掌管军务，或指挥作战，防御敌人，保卫国家。尉迟敬德、秦叔宝、程知节等忠心耿耿，武艺高强，唐太宗让他们担任左右卫大将军等职，统率部队，卫戍京师，保卫皇宫。李淳风、傅仁均、傅奕、吕才等人学有专长，尤明天文、历学、阴阳、推步之学，李世民就让他们担任太史令等职。戴胄"性贞正，有干局明习律令，尤晓文簿"，唐太宗让他担任大理卿，专门负责检查刑罚案件的失误。阎立德、阎立本出身于工艺世家，其父"以工艺知名"，唐太宗就让他们担任将作少匠、将作大匠以至工部尚书。

唐太宗用人不仅能够用人之长，而且能够不计细过，容人之短，表现了一个伟大政治家宽阔的胸怀和豁达的度量。

对历史上反对过自己又反错了的人，他既往不咎，邓世隆就是典型的例子。邓世隆才华横溢，隋朝末年曾充当王世充的侄子王太的宾客，"大见亲遇"，是李世民政治上的反对派，曾写信骂过李世民。贞观初年，唐太宗不计前嫌，征为国子主簿、修史学士。邓世隆因有前过，经常提心吊

第九章 唐太宗李世民的用人之道他的《人物志》

胆，总怕李世民伺机报复。唐太宗听说后，专门派人前去安抚，打消他的顾虑，还提拔他为著作佐郎，后来又提拔为著作郎[①]。

对于一些有细微缺陷的人，李世民决不以小过掩其大才。他即位后曾广开言路以求治国之策，有些人却乘机上书抓住一些鸡毛蒜皮的事攻击别人，对于这种不正常的现象，唐太宗十分恼火，公开表示说："自今后有为是者，朕当以谗人罪之。"[②]治书侍御史权万纪经常拿一些大臣的细小错误大做文章，进行弹劾，结果被李世民免官遣返回乡。对于臣僚中的某些小缺点、小毛病，唐太宗一概不予追究。比如扬州人曹宪，才学过人，曾在隋朝担任秘书学士，有学生数百人。唐太宗爱其才，"以弘文馆学士居之"，曹宪竟恃才辞而不就。唐太宗并不计较，"即家拜朝散大夫"，"当世荣之"。后来李世民读书遇到一些难字怪字，还派专使前去讨教，曹宪"具为音注，援验详复"，李世民十分叹服[③]。

对于那些犯了错误的人，或者毛病比较突出的人，唐太宗能够做到批评教育从严，处理从宽，体现了他爱护人才、

---

① 《旧唐书·邓世隆传》。
② 《贞观政要·杜谗邪》。
③ 《旧唐书·曹宪传》。

保护人才的根本态度。比如,颜师古是当时的大学问家,"以学术称","少传家世,博览群书,尤精诂训,善属文"。唐太宗对他十分赏识,曾拜他为中书侍郎,后又升为秘书监,"专刊典正,所有奇书难字,众所共惑者,随疑剖析,曲尽其源"。当时朝廷多引后进之士从事校刊工作,但颜师古却利用手中的权力走后门、拉关系,以权谋私:"抑素流,先贵势,虽富商大贾亦引进之,物论称其纳贿。"为此,唐太宗决定给他以贬官处分。但在颜师古赴任之前,唐太宗又惜其才,将他叫来责备了一顿,说:"卿之学识,良有可称,但事亲居官,未为清论所许,今之此授,卿自取之。朕以卿曩日任使,不忍避弃,宣深自诫励也。"不久即官复原职[1]。

"用人不疑,疑人不用"是自古以来的又一条用人原则,唐太宗用人自始至终都坚持了这一原则。

首先,对于权高位重的大臣,李世民坚信不疑,始终如一。自古以来都有这样一种说法:"威震其主者身危,功盖天下者不赏。"怀疑功臣、疏远功臣乃至大杀功臣,是我国古代不少朝代曾经出现过的历史悲剧。但李世民却没有这样做。比如房玄龄权高位重,而且足智多谋。李世民东征高丽,他

---

[1] 《旧唐书·颜师古传》。

第九章　唐太宗李世民的用人之道他的《人物志》

留守京师,有人诬告他谋反。房玄龄感到对这一事件自己不便处理,于是派专使去追唐太宗,请唐太宗亲自处理。唐太宗先杀死了诬告者,又下诏责备房玄龄说:"公何不自信!"[①]兵部尚书李靖,文武双全,威望甚高。侯君集因为李靖不尽授其兵法而告发他有谋反之意,李世民认真调查了解,没有听信侯君集的诬告。后来又有一位叫高甑生的人诬告李靖,唐太宗将其"戍边",对这位高生进行了流放处理。

第二,对于从敌人营垒争取过来的人,李世民也能充分信任,不随便怀疑。比如尉迟敬德原是刘武周的部将,刘武周被打败后,尉迟敬德同其他部将一起投奔了李世民。不久,其他部将先后叛逃了,不少人劝李世民趁早杀掉尉迟敬德。李世民不仅没杀,还委任他为右一府统军,让他率领其旧众八千,与自己原来的部队相掺杂。有人又担心尉迟敬德发动兵变,李世民不予理睬。后来李建成又用金银财宝、高官厚禄拉拢收买尉迟敬德,进行策反工作,敬德以实相告,李世民对他更信任了。因此,尉迟敬德对李世民始终忠贞不贰,成为李世民打天下和夺取皇权时的一位大功臣。

第三,李世民从来不无端地怀疑臣下,对那些没有确凿

---

① 《新唐书·房玄龄传》。

证据的说法,他从不轻信。比如,有一年唐太宗让少数民族将领契苾何力回凉州去看望其母亲与弟弟,同时安抚其部落。当时薛延陀部势力强大,契苾部落想投靠薛延陀,何力坚决反对。结果被人押解到薛延陀部,逼迫他背叛唐朝。消息传到长安,有人说何力必叛,唐太宗不信。其左右亲信又说:"戎狄气类相亲,何力入薛延陀,如鱼赴水耳。"唐太宗仍对何力坚信不疑,说:"不然。何力心如铁石,必不叛我。"时隔不久,有一位使者从薛延陀部归来,带来了何力面对敌人威逼,用佩刀割掉左耳及其发誓永不叛唐的消息,大家才相信了唐太宗的论断[①]。

贞观二十一年(公元 647 年),李世民曾经自我总结了五条用人经验,它虽然不是李世民用人之道的全部内容,但对我们理解和认识李世民的用人政策也有不少启发。他说:"自古帝王多疾胜己者,朕见人之善,若己有之;人之行能,不能兼备,朕常弃其所短,取其所长。人主往往进贤而欲寘诸怀,退不肖则欲推诸壑,朕见贤者则敬之,不肖者则怜之,贤不肖各得其所。人主恶正直,阴诛显戮,无代无之,朕践阼以来,正直之士,比肩于朝,未尝黜责一人。自古皆贵中

---

① 《资治通鉴》贞观十六年。

第九章　唐太宗李世民的用人之道他的《人物志》

华，贱夷狄；朕独爱之如一，故其种落皆依朕如父母。此五者，朕所以成今日之功也。"[①] 如何对待超过自己的人，如何对待"功高震主"的功臣；如何看待一个人的长处与短处，真正做到用其所长，弃其所短；如何使各种人才各得其所，甚至使人才与奴才各有各的用处；如何对待不同意见，勇于听谏纳谏；如何对待少数民族中的人才，巩固和发展祖国的统一？这都是用人政策方面极其重要的问题。唐太宗比较正确地解决了以上几个问题，这正是他取得成功的关键。

---

① 《资治通鉴》贞观二十一年。

第十章　唐宋诸家论成才用才之道

唐朝是我国封建社会的鼎盛阶段。宋朝封建社会虽然开始走下坡路，但也曾出现过经济文化的繁荣。唐、宋时期涌现了不少杰出的政治家、文学家、思想家和史学家，像韩愈、柳宗元、刘知几、司马光、王安石、朱熹等，他们不仅在当时的政治舞台上和各自的领域内做出了应有的贡献，而且还不同程度地谈到过人才成长与人才使用问题。他们的人才思想对我们有很大的启迪作用。

一、韩愈为千里马呼吁

韩愈生于唐代宗大历三年（公元768年），死于唐穆宗长庆四年（公元824年）。当时正是由盛唐向晚唐过渡的阶段。安史之乱后出现的藩镇割据、宦官专权与牛李党争使唐朝的

第十章 唐宋诸家论成才用才之道他的《人物志》

政局日益混乱，于是在用人政策上也出现了极不正常的情况。出身士族的宰相李德裕公然反对科举入仕，主张门荫做官。他说："朝廷选官，须公卿子弟为之。何者？少习其业，目睹朝廷间事，台阁之仪，不教而自成，寒士纵有出人之才，固不能间习也。"[①]这种主张违背了唐太宗以来选才用人的传统，给出身寒微的人才设置了很大障碍。

韩愈的父亲虽然做过县令，但他的家境并不富裕，而且他三岁丧父，政治上没有靠山。只是由于他自幼受诗书影响，总希望有朝一日能一举成名，光耀门庭。公元787年，十九岁的韩愈抱着"学好文武艺，售予帝王家"的幻想来到首都长安。开始，他想凭借自己的才学博得权贵赏识，但他屡次给宰相上书都如石沉大海，始终不得任用。随后他参加了科举，连续应试四次才中了进士。由于他朝中无人，参加吏部的释褐试又三次落选。从十九岁到二十九岁，他十年辛苦，居然没有得到一官半职。这一现实教育了他，使他深刻地认识到开国年间那种兴科举、重人才的政策已经名存实亡了，出身寒微的士人参与国家政权已经为官宦、权贵所不容。面对这种局面，韩愈拿起了"杂文"这一武器，开始为受压抑、

---

① 《新唐书·选举制》。

被埋没的人才呼吁呐喊。

我国古代有些学者曾把人才比喻为千里马,把识别人才的人比喻为伯乐。韩愈借题发挥,专门写了一篇为千里马呼吁的《杂说》。他写道:"世有伯乐,然后有千里马。千里马常有,而伯乐不常有。故虽有名马,祗辱于奴隶人之手,骈死于槽枥之间,不以千里称也。马之千里者,一食或尽粟一石。食马者,不知其能千里而食也。是马也,虽有千里之能,食不饱,力不足,才美不外见,且欲与常马等不可得,安求其能千里也?策之不以其道,食之不能尽其材,鸣之而不能通其意,执策而临之,曰:天下无马。呜呼!其真无马耶,其真不知马也?"

在这里,韩愈精辟地阐明了几个观点:第一,天下任何时候都有人才,都有千里马,关键在于执政者是不是伯乐,能不能发现人才,使用人才。第二,千里马不同于一般的马,应该给它们足够的饲料,"一食或尽粟一石",这样它们才有可能日行千里。从而巧妙地提出了"大才重禄"的问题,人们的贡献不同,待遇也应有明显差别。第三,对于千里马不仅应食之能尽其材,而且应该注意"策之"要以其道,鸣之而能通其意。也就是要求执政者用对待千里马的政策对待贤才,要进一步掌握驱策贤才的规律,甚至还要了解贤才的

第十章 唐宋诸家论成才用才之道他的《人物志》

心理活动和思想要求。这篇杂文猛烈地抨击了那些一面压抑人才，一面叫嚷人才缺乏的权贵，向社会发出了救救千里马的呼声。这既是怀才不遇的韩愈对当时社会的抗议，又是他为各种贤才脱颖而出鸣锣开道。

后来，韩愈终于进入了官员队伍，在力所能及的情况下，他开始实践自己的人才学理论。当他在长安任京兆尹时，听说长安出了一位神童李贺，七岁就能写诗，而且多有奇句。于是他与当时著名的文学家皇甫湜一起到李贺家登门拜访，李贺家道中落，生活艰难，陋巷蓬门，韩愈等不以为意，径入其家。他们让李贺当场作一首以他们二人来访为题的诗，李贺略加思索就写了一首《高轩过》，把韩愈、皇甫湜都写了进去，流畅而有气势。韩、皇二人大为惊叹，于是四处为李贺扬名，帮他登上文坛。后来李贺要考进士，一些权贵借口李贺的父亲名"晋肃"，与"进"字同音，说李贺考进士是不孝之举，阻止他应考。为此韩愈专门写了一篇《讳辩》，指出那些人是出于嫉妒不许李贺应试。韩愈气愤地反问道："父亲名中有'晋'字，儿子就不许考进士；如果父亲名叫仁，儿子难道就不可以做人了吗？"后来，终没有考成进士的李贺，抑郁愁苦，有志难申，连续写了"马诗"二十三首，抒发心中的不平。其中第十八首说："伯乐向前看，旋毛在腹间，只今掊白草，何日暮青山？"①才华出众的李贺深为世态炎凉所伤叹，他的"马诗"与韩愈的千里马之说有异曲同工之妙。

作为中唐文坛上的领袖人物，韩愈除扶植过李贺外，还帮助过张籍、卢纶、孟郊、牛僧孺、贾岛等。其中，不少人成为著名的诗人、文学家，而牛僧孺却成为著名的政治家。牛僧孺刚从乡间到长安时，先去拜访韩愈和皇甫湜。韩愈看了牛僧孺的文章，大为惊叹，说："你的文章不仅能进第，而且可以垂名后世。"于是他们二人很快帮牛僧孺找到客户坊一个院落住下。韩愈又有意安排牛僧孺某日去游青龙寺，到天黑时再回来。那天，韩愈和皇甫湜同去牛僧孺寓所，故意在门上写上"韩愈、皇甫湜正同访几官先辈不遇"的字样。当时韩、皇并称"文章钜公"、一代宗师，竟同访一个无名晚辈，一时朝野大哗，以为牛僧孺必有不凡之处。第二天就有不少人争来寓所拜访。至此，牛僧孺声满长安，最后成为宰相。

还有一位诗人贾岛，家境贫寒无以为计，出家为僧，号为"无本"。贾岛爱好诗歌，出家后仍钻研不迭，以至废寝忘食。一次，贾岛骑驴在路上吟诵"鸟宿池边树，僧推月下门"的诗句，不知"推"字好些还是"敲"字好些，苦思冥

---

① 《李长吉歌诗集》。

想，神游象外，不想撞了韩愈的车驾。韩愈问他干什么，贾岛只好据实以告。韩愈大喜，一边称赞贾岛的苦吟精神，一边为他参谋斟酌用为"敲"字。韩愈还把贾岛带回自己府上，同他结为莫逆之交。后来，韩愈又帮贾岛还俗，考中进士。他称赞贾岛的诗是"天恐文章浑断绝，再生贾岛在人间"。贾岛一时名声大振，成为唐代一位有独特风格的诗人。

二、韩愈、柳宗元谈成才之道

韩愈的《师说》，柳宗元的"师道"，从不同角度阐明了人才成长的理论，这一理论在教育史与人才史上占有很高的地位。韩愈不承认有不学而能、无师自通的天才，认为所有的人只能是学而成才。他还针对当时"耻学于师""师道不闻也久矣"的社会风气，写出了我国历史上著名的教育文献——《师说》，十分精辟地论述了成才者要从师而学的思想。韩愈认为老师是儒家道统的化身，"道之所存，师之所存"，不传道就不成其为师，没有师也无从传道。从师的主要目的就是学其道。因此，韩愈明确指出："古之学者必有师。师者，所以传道、授业、解惑也。人非生而知之者，孰能无惑？"他认为教师的第一个职责是"传道"，即向学生进行政治思想教育；第二个职责是"授业"，即向学生传授文化知识；第三个职责是"解惑"，包括帮助学生解除政治方面与业务方面疑惑不解的问题。韩愈认为，任何人都不是生而知之者，因此必须虚心向老师学习，向一切有长处的人学习。他指出"圣人无常师"，"三人行，必有我师焉"。而且明确地告诉人们："弟子不必不如师，师不必贤于弟子，闻道有先后，术业有专攻，如是而已。"认为别人只要比自己闻道在先，无论年长年少，名声大小，自己都应该虚心向人家学习，要不耻下问，"不耻相师"。他甚至介绍自己的经历和体会说："愈少鄙钝，于时都不通晓"，只是因为笃意好学，虚心向别人请教，才能有所成就。"圣人之所以为圣，愚人之所以为愚，其皆出于此乎"。只有尊师向学，不耻下问，才能成为杰出的人才，这是韩愈对人才成长理论所做出的重要贡献。

柳宗元对韩愈的《师说》十分欣赏，在《答韦中立书》中专门对此给予高度评价，他说："由魏晋以下，人益不事师。今之世，不闻有师，有则哗笑之，以为狂人。独韩愈奋不顾流俗，犯笑侮，收召后学，作《师说》，因抗颜而为师，世果群怪聚骂，指目牵引，而增与为言词，愈以是得狂名。"[①]在

---

① 《柳河东集·答韦中立书》。

第十章 唐宋诸家论成才用才之道他的《人物志》

另一封书信中，柳宗元正式提出了自己"师道"的主张，他说："举世不师，故道益离。"他明确表示完全赞同韩愈所说的"道之所存，师之所存也"的论断。并且主张人们应该"交以为师"，应该互相取长补短，甚至应打破师生关系的限制，真正做到教学相长[①]。

另外，柳宗元认为，人才的成长与树木的成长有相通之处，种树要顺应自然界的规律，培养人才也要遵循人才成长的规律。在著名的《种树郭橐驼传》中，柳宗元写道：有一位名叫郭橐驼的人，以种树为业。他所种的树，"或迁徙，无不活。且硕茂，早实以蕃。"有人询问原因何在，郭橐驼回答说："橐驼非能使木寿，能顺木之天，以致其性焉。凡木之性，其本欲舒，其培欲平，其土欲故，其筑欲密。既然已，勿动勿虑，去不复顾，其莳也若子，其置也若弃，则天者全而其性得矣。"

"本欲舒"即根系舒展，"培欲平"即培土平稳，"土欲故"即填充旧土，"筑欲密"即填土密实。这四"欲"，都是树木本性的要求，根据它的本性去种植，就不必担心其不能长大成材。郭橐驼认为，他种树之所以成功，只不过是没有违反其天性而已，并不是因为他有什么特殊的使树木生长的

---

① 《柳河东集·报袁君陈秀才避师名书》。

才能。

柳宗元同时又指出了一种与此相反的做法:"他植者则不然,根拳而土易,其培之也若不过焉则不及。苟有能反是者,则又爱之太殷,忧之太勤,且视而暮抚,已去而复顾。甚至爪其肤以验其生枯,摇其本以观其疏密,而木之性日以离矣。虽曰爱之,其实害之;虽曰抚之,其实仇之。"

这段话的意思是说:另有一些种树者有的马马虎虎,粗心大意,有的则出于对树苗的"关怀怜爱",不仅朝夕抚摸、摇晃,甚至用指甲刮开树皮以验证其死活,这样做实际上已违反了树的天性。不是爱之,而是害之,不是忧之,而是仇之。结果只能事与愿违,导致树木的枯萎死亡。柳宗元以此为喻,告诫人才的培养者和管理者们要注意这一规律,他说:"吾问养树,得养人术,传其事以为官戒也。"明确地告诉世人,他写这篇文章的目的是以木喻人,希望教育者应该从受教育者的天性出发,注意启发诱导,使之顺其天性而成才。既不要不闻不问,也不要"爱之太殷,忧之太勤"。这是一条值得引起注意的人才成长规律。

三、刘知几谈才、学、识

刘知几是唐代著名的历史学家,他不仅写作了我国第一部史学理论专著《史通》,而且对史学人才进行了全面深入的研究,提出了著名的史才论。

在《旧唐书·刘子玄传》中记载了一段礼部尚书郑惟忠与刘知几的对话,郑惟忠问:"自古以来,文士多而史才少,何也?"刘知几回答:"史才须有三长,世无其人,故史才少也。三长,谓才也,学也,识也。夫有学而无才,亦犹有良田百顷,黄金满籝,而使愚者营生,终不能致于货殖者矣。如有才而无学,亦犹思兼匠石,巧若公输,而家无楩楠斧斤,终不果成其宫室者矣。犹须好是正直,善恶必书,使骄主贼臣所以知惧,此则为虎添翼,善无可加,所向无敌者矣。脱苟非其才,不可以叨居史任。"[1]

刘知几总结了历代学者对史才的论述,将才、学、识统为一体,全面而系统地提出了对史学人才的要求:学,好比是作学问的材料与工具;才,好比是技能、方法;识即是见识,也就是理论观点。才、学、识三者缺一不可,有学无才不能

---

[1] 《旧唐书》卷一〇二《刘子玄传》。

有所成就，有才无学也不能做出成绩，而在三者当中，"识"居于统帅地位，在才、学兼备的情况下，只有富于见识，"好是正直"，敢于"善恶必书"，才能"为虎添翼"，"所向无敌"。只有正确地处理才、学、识的关系，人们才能成为杰出的人才。刘知几的史才论对其他人才的成长与鉴别也有启发作用。

四、司马光的人才论

司马光是北宋时著名的思想家、政治家和史学家。他在政治上虽然反对王安石变法，属于保守派阵营。但他主持编著的《资治通鉴》却不愧为我国历史上一部史学名著，其中有不少对历代人才制度、人才思想的记录和评述，从某种意义上说，《资治通鉴》实际上也是一部记述得人则兴、失人则衰的历史。正是在这部史学巨著中，贯穿着司马光的人才论。

首先，司马光认为杰出人才对历史进程有十分重大的影响。在评论汉高祖刘邦时，司马光说：汉高祖起自布衣，"提八尺剑，八年而成帝业，其收功之速如是，何哉？唯其知人善任而已。故高祖自谓'镇国家、抚百姓，不如萧何；运筹策、决成败，不如子房；战必胜、攻必取，不如韩信；三人者皆

第十章 唐宋诸家论成才用才之道他的《人物志》

人杰，吾能用之，所以取天下'。"① 在这里，司马光将"唯其知人善任"当作刘邦取得成功的主要原因，可见他十分看重杰出人物的历史作用。

在《资治通鉴》第一〇二卷中，司马光又概括了历代人才得失与事业成败的关系，他说："昔周得微子而革商命，秦得由余而霸西戎，吴得伍员而克强楚，汉得陈平而诛项籍，魏得许攸而破袁绍，彼敌国之材臣来为己用，进取之良资也。"千方百计地网罗人才，包括吸引敌方的人才，这是关系到王朝兴亡盛衰的一个大问题。

夺取政权靠人才，巩固政权也靠人才。因此司马光指出："为政之要，莫先于用人。"② "何为人君之道？一曰用人是也。"③ 又说："致治之道无他，一曰任官，二曰信任，三曰必罚。"④ 人才是治理好国家的根本，这是司马光人才论的核心。

其次，司马光认为用人应该至公至明。所谓"至公"就是大公无私，所谓"至明"就是明察善任。司马光列举了不

---

① 《稽古论·西汉论》。
② 《资治通鉴》卷七三。
③ 《进历年图·图论》。
④ 《司马正公传·家集·言御臣上殿札子》。

151

少历史事例说明这一观点:"昔齐桓公置射钩而管仲相;汉高祖知人善使,苟为不才,虽喜亦弃之,苟才矣,虽负贩酒徒,亡将戍卒亦用之,此所以奋布衣取天下也。馆陶公主为子求郎,明帝不许而赐钱千万。郎,贱官也,犹惜之,况其贵者乎?宋高祖事萧太后甚孝,太后欲以道怜为扬州刺史,高祖以其贪愚不许,故功业之高冠于南朝。唐太宗杀建成、元吉,而用其官属魏徵、王珪等,与房、杜无异,卒得其效。宣宗事郑太后甚谨,问舅郑光以政事,不能对,罢其方镇,故时人称善,谓之小太宗,此用人之公明也。"[1]只有去私才能做到用人的至公至明,这是司马光用人思想的一个重要方面。

如何做到用人至公至明呢?司马光又指出:"凡用人之道,采之欲博,辨之欲精,使之欲适,任之欲专。"[2]他认为,要做到用人至公至明,就必须广取人才,要打破门第和资序的限制,"官人之道,以德资为本,而资序为末。"[3]这就叫做"采之欲博"。另外还要注意去伪存真,严防以假乱真,但又不要漏掉真才。要注意听其言观其行,注意考察其政绩,这就叫做"辨之欲精"。所谓"使之欲适",就是要用当其才,

---

[1] 《进修心治国之要札子》。
[2] 《进〈历年图〉论》。
[3] 《乞简御史条约上殿札子》。

用其所长，不用其所短。所谓"任之欲专"，则是主张用人不疑，不要轻易调动、变动，尤其不要临阵易将等。

第三，在《资治通鉴·周纪》中，司马光通过对智伯灭亡的原因进行分析，提出了著名的"德才论"，他指出："夫聪察强毅之谓才，正直中和之谓德，才者，德之资也；德者，才之帅也。……是故才德全尽谓之圣人，才德兼亡谓之愚人，德胜才谓之君子，才胜德谓之小人。凡取人之术，苟不得圣人、君子而与之，与其得小人，不若得愚人。何则？君子挟才以为善，小人挟才以为恶。挟才以为善者，善无不至矣；挟才以为恶者，恶无不至矣！愚者虽欲为不善，智不能周，力不能胜，譬如乳狗博人，人得而制之。小人智足以遂其奸，勇足以决其暴，是虎而翼者也，其为害岂不多哉！夫德者人之所严，而才者人之所爱；爱者易亲，严者易疏。是以察者多蔽于才而遗于德。自古昔以来，国之乱臣，家之败子，才有余而德不足，以至于颠覆者多矣，岂特智伯哉？故为国为家者苟能审于才德之分而知所先后，又何失人之足患哉！"

在这里，司马光对德才关系进行全面论述，提出了"才者德之资也，德者才之帅也"的著名论断，成为封建社会后期选才任官的指导思想。但他将传统的封建道德放在首位，忽视了才学能力，这种主张并不完全利于正确地选拔人才和使用人才。

五、王安石的人才思想及其实践

王安石是北宋时的改革家，他协助宋神宗进行了一场闻名中外的变法革新，还提出并实践了一条与众不同的人才路线。

王安石对人才问题曾进行了广泛的研究，他所写的《上仁宗皇帝言事书》《材论》《进说》《兴贤》以及《委任》《知心》等文章都对人才问题进行了探讨，提出许多精辟独到的见解。

首先，王安石认为天下广有人才，关键在于君主是否重视对人才的培养和选拔。在《材论》中，他说："天下之患，不患材之不众，患上之人不欲其众。不患士之不欲为，患上之人不使其为也。夫材之用，国之栋梁也，得之则安以荣，失之则亡以辱。"他认为有"三蔽"妨碍了君主发现与选拔人才：一是君主自以为高明，认为一人即可主宰、决断天下大事，忽视了人才的重要作用；二是"谓圣王爵禄富贵足以诱天下之士"，而忘掉了礼贤下士，真诚相待，虚心求访；三是只等待人才自发产生，而没有下功夫教育培养人才。

其次，王安石强调教育的重要作用，强调成才的后天条件。

第十章　唐宋诸家论成才用才之道他的《人物志》

他说："人之才未尝不自人主陶冶而成之也。所谓陶冶而成之何也？亦教之、养之、取之、任之之道而已。"[①] 他明确指出，从"教、养、取、任"四个方面看，北宋的育才、选才制度都必须改革。在"教之之道"方面，王安石指出当时的州县级学校，徒有其名，"非有教导之官，长育人才之事也"，"学者之所教，讲说章句而已"，这些人只能舞文弄墨，"大则不可以用天下国家，小则不可以为天下国家之用。"在"取之之道"方面，王安石指出，自进士科出身的官员，只"能雕虫篆刻之学，无补于实际"。而明经科只会记诵，"朝廷固已尝患其无用"了。"科法败坏人才，致不如古"[②]。因此王安石主张，无论是对于学校，还是对于以诗赋声病取进士、以记诵默写试明经的科举考试，都应该进行彻底改革。

第三，在用人政策方面，王安石强调用人要唯才所宜，要用其所长，避其所短，"使大者小者长者短者强者弱者无不适其任者焉。其如是，则士之愚蒙、鄙陋者，皆能奋其所知以效小事，况其贤能智力卓荦者乎？"[③] 他还举西汉的例子进一步说明了这一道理："高祖之任人也，可以任则任，

---

① 《王临川全集》卷三九《上仁宗皇帝言事书》。
② 《文献通考·选举考》。
③ 《王荆公文集》卷三二《委任》。

可以止则止。至于一人之身，才有长短，取其长则不问其短；情有忠伪，信其忠则不疑其伪。……故萧何刀笔之吏也，委以关中，无复西顾之忧。陈平亡命之虏也，出捐四万余金，不问出入。韩信轻滑之徒也，与之百万之众而不疑。……故曰：常人之性，有能有不能，有忠有不忠，顾人君待之之意何如耳。"①

正是在以上这种人才思想的指导下，王安石对北宋的育才、选才、用才制度进行了大刀阔斧的改革。他认为，人才应该由学校培养，无论取才与养才都应统一于学校。他说："先王之取人也，必于乡党，必于庠序。"又说："伏以古之取士，皆本于学校，故道德一于上，而习俗成于下，其人材皆足以有为于世。自先王之泽竭，教养之法无所本，士虽有美材而无学校师友以成就之，议者之所患见。"②他不仅主张对州县的学校进行整顿，而且在太学中实行了三舍法。他将太学生分为外舍、内舍、上舍生，规定生员的升等，都要经过考试，并颁布了"三舍选察升补法"。其中上舍生名列上等者，不经过科举即可直接做官；中等者免除会试，可

---

① 《王荆公文集》卷三二《委任》。
② 王安石《乞改科举劄子》。

以直接参加殿试；下等者免除州县试，可直接参加会试。这样就使学校的学习成绩与科举结合起来了，既注意了人才的选拔，又提高了学校的地位。

与此同时，王安石还对科举制度进行了改革。他反对重记诵、重记忆的旧的科举制，主张重义理、重社会实际，企图通过科举选拔一些变法革新人才。

另外，王安石还颁布了《三经新义》，用变法革新的思想对《周礼》《诗经》《尚书》等三本儒家经典重新进行解释，作为学校的统一教材和科举考试的统一读本。王安石认识到，要变法革新必须培养和选拔变法革新的人才，而培养变法革新的人才不能使用保守落后的四书、五经，必须用新思想对儒家经典重新进行解释。这样才能做到思想上的统一，才能按照革新派的思想观点培养出一代新人。

六、朱熹论成才之道

朱熹是我国封建社会后期著名的思想家与教育家，他直接从事教育活动达四十年之久，"竭其精力，以研究圣贤之经训"①,"兴学校,明教化",对我国古代的教育事业产生了深远的影响。他曾多次讲到育才、成才问题,提出了一条带有时代特色的成才之道——立志、读书、力行。

朱熹认为,一个人要治学成才,首先必须树立远大的志向。他说:"问为学功夫,以何为先?曰:亦不过如前所说,专在人自立志。"②又说:"立志不定,如何读书?"③他这里所说的立志就是指明确学习目的,明确生活的目标。学习目的和生活目标明确了,读书才有动力,才有可能刻苦学习。因此朱熹又说:"读书之法,莫贵乎循序而致精,而致精之本,则又在于居敬而持志。此不易之理也。"④所谓"持志",指的是要坚持自己的志向。一个人树立了远大的志向,又能持之以恒,才有可能逐步掌握尽可能多的知识,他的学业才能不断长进。

一个决心治学成才的人究竟应该树立一种什么样的志向呢?朱熹认为:"学者大要立志,才学便要做圣人,是也。"⑤

---

① 《宋史·朱熹传》。
② 《性理精义》卷七。
③ 《朱子语类辑略》。
④ 《性理精义》卷七《总论为学之方》。
⑤ 《朱子语类》卷一三。

第十章　唐宋诸家论成才用才之道他的《人物志》

又说:"所谓志者,不是将意气去盖他人,只是直截要学尧、舜。"① 以尧、舜、禹、文、武、周公、孔子、孟子等古圣先贤作为效法的榜样,努力使自己成为一位圣人、贤人,这是每一个学者所应该树立的奋斗目标。他认为,每一个人的先天本性都是善的,人们只要刻苦学习,无时无刻不注意省察,像孔子的学生曾参那样"吾日三省吾身",他就有可能发扬自己的善性,使自己从芸芸众生中脱颖而出,成为一位圣人或贤人。

其次,朱熹认为:"为学之道莫先于穷理,穷理之要,必在于读书。"② 为什么"穷理"必须读书呢?朱熹说:"天下之物,莫不有理,而其精蕴则已具于圣贤之书,故必由是以求之。"③ 他所说的"穷理",指的是认真研究儒家所宣扬的封建伦理道德,包括所谓三纲五常乃至人伦物理等,这就是朱熹所讲的"存天理,灭人欲"。朱熹认为,儒家所说的"天理"都包括在历代的圣贤之书中,因此人们要"穷理"必须认真攻读圣贤之书。

究竟如何读书穷理呢?在《白鹿洞书院教条》以及由其

---

① 《性理精义》卷七,《总论为学之方》。
② 同上。
③ 《朱子语类》卷一〇。

弟子概括的"朱子读书法"中朱熹提出了一整套读书的方法：

其一是说，要"博学之，审问之，慎思之，明辨之，笃行之"①。其二是说，要循序渐进，熟读精思，虚心涵泳，切己体察，着紧用力，居敬持志②。朱熹认为，学、问、思、辨、行乃"为学之序"，"学问思辨四者，所以穷理也。若夫笃行之事，则自修身至于处事、接物，亦各有要。"③而朱熹的六点读书法主要是强调如何学习书本知识，"循序渐进"是说读书要有次序，"未得前，则不敢求乎后"④。反对好高骛远，要求量力而行，打好基础。"熟读精思"，要求读书必须精熟、成诵，他认为"读书千遍，其义自见"。所谓"虚心涵泳"是说读书要虚心，不能先入为主，穿凿附会，而要静心思考，仔细体会书中含义。所谓"切己体察"是说读书时要用圣贤的教导主动对照自己的行动，这里已包含身体力行之意。所谓"居敬持志"则是要求精神专一，持志以恒的意思。

第三，朱熹主张，读书之后必须"反躬践实"。他说："为

---

① 《白鹿洞书院教条》。
② 《程氏家塾读分年日程·朱子读书法》。
③ 同①。
④ 《朱子读书法》。

学之实,固在践履。苟徒知而不行,诚与不学无异。"[1]又说:"方其知之而行未及之,则知尚浅;既亲历其域,则知之益明。"[2]朱熹认为,只埋头读书还不能将书本上的知识变成自己的知识,还要努力去实践书中的理论,这就是朱熹所说的"力行之"。尽管这种实践是在理学思想指导下的实践,是片面的实践,但它对于提高一个人的素质、能力,对于更全面地掌握知识还是有一定意义的。

---

[1] 《朱熹文集·答曹元可书》。
[2] 《晦翁学案》。

第十一章　元朝选官途径和汉族儒生地位

一、民族主义、实用主义的选官制度

元世祖时定制："官有常职，位有常员，其长则蒙古人为之，而汉人、南人贰焉。"①"故一代之制，未有汉人、南人为正官者。"②从中央到地方，从元初到元末基本如此。元朝中央机关"总政务者曰中书省，秉兵柄者曰枢密院，司黜陟者曰御史台"③。中书省的名义长官为中书令，元统一前，耶律楚材、杨惟中曾任此职，元统一后则由太子兼任。实际长官为右、左丞相，从元世祖起至元末，汉人担任丞相之职

---

① 《元史》卷八五《百官志一》。
② 赵翼《廿二史札记》卷三〇《元制百官皆蒙古人为之长》。
③ 同①。

的只有两人,一是官制未定之前汉军将领史天泽曾以开国元勋的身份任右丞相,二是元顺帝时贺惟一曾任左丞相,但贺惟一被赐国姓,改名为"太平",还是以蒙古人的身分任职的。枢密院"掌天下兵甲机密之务",只有元初史天泽、赵壁、张易担任过枢密副使。自阿合马被杀事件发生后,兵籍和用兵大事一概由蒙古人掌握,汉人、南人都不得参与。御史大夫也是"非国姓不受",因此顺帝让贺惟一当御史大夫,贺惟一坚决推辞,顺帝这才赐给他国姓。御史中丞开始也不用汉人、南人,当元世祖命程钜夫为御史中丞时,台臣就说钜夫南人不宜用,这时世祖才下了一道诏令:"自今省部台院必参用南人。"[1] 但在一般情况下,汉人、南人连这种高级的副职也很难得到。只是在元末农民战争爆发后,元顺帝为了争取汉人、南人的支持,这才下了一份诏书,说南人有才学者,依世祖旧制,中书省、枢密院、御史台皆用之,但这时已经为时太晚了。地方官员也实行此类原则,至元二年(公元1265年),元世祖正式颁布:"以蒙古人充各路达鲁花赤,汉人充总管,回回人充同知,永为定制。"从行省至路、府、州、县,长官都用蒙古人。行省长官为丞相,路、府、州、

---

[1] 《元史》卷一七二《程钜夫传》。

县长官为达鲁花赤,执掌印信。汉人、南人只能担任路的总管和府、州、县的守令(知府、府尹、知州、州尹、县令)。诸王封邑的达鲁花赤也没有以汉人担任的。各道廉访司也是以蒙古人为长,或缺则以色目世臣子孙为之,其次才任用其他色目人及汉人。因此赵翼说:"此有元一代,中外百官偏重国姓之制也。"①

把全国人民划分为四个等级是元朝政治的一大特征。这一特征表现在社会政治生活的各个方面。因此政权的组织、官吏的任用尤其突出了这种四等级制。蒙古贵族人数极少,单靠自己的力量无论如何也统治不了中国,于是需要寻找同盟者。色目人被征服较早,文化较高,又有一定的政治经验,尤其有理财经商本领,人数较多,而且散居全国各地;同时在中国又没有很深的根基,一般不会发生武装叛乱,于是被列为第二等级,在政治生活中处在仅次于蒙古人的地位。但要治汉地必须行汉法,治汉人必须用汉人。因此又不得不起用大批汉人做官。于是就形成了一种特殊的任官制度:由政治经验不多的蒙古贵族担任长官,处于"监临"地位;由汉人官吏办实事,负责日常行政;同时配备一位权位相当的色

---

① 赵翼《廿二史札记》卷三〇《元百官皆蒙古人为之长》。

第十一章　元朝选官途径和汉族儒生地位

目官吏来进行防范和牵制。这是一种"用人而疑，疑人而用"的制度，是民族压迫、民族歧视在用人政策方面的制度化。这是一种很糟糕的制度。

与这种制度相适应又形成了元朝选官的特殊的途径。第一是根据家庭出身选官，即主要看出身成分，不是看实际才能。"元人之法，取士用人，惟论根脚"，"根脚"就是指社会出身。中央高级官员和地方长官都由皇帝任命勋臣、名门以及儒吏出身、品资相当的人担任。其中怯薛出身的人称为"大根脚"出身。怯薛军是成吉思汗时建立的中央护卫军，分四班入值，故称四怯薛。"四怯薛子孙世为宿卫之长，使得自举其属。诸怯薛岁久被遇，常加显擢，惟长官荐用，则有定制"[1]。四怯薛长一般由成吉思汗时四杰的子孙担任，后因赤老温无后改任他人；怯薛军则从蒙古贵族、白身人以及各族高官子弟中选拔。进入怯薛军等于是进入了高、中级干部学院，这是元朝高级官员的重要来源。同时还有承荫制度，蒙古贵族可以世袭，其他各族官员正一品官之子可任正五品，从一品官之子荫从五品，下至三品官之子荫从七品，色目人还可优进一级。地方官、武官也有严格的世袭规定。这就是

---

[1]　《元史》卷八二《选举志二》。

说世袭是作为制度推行的,因此元朝的许多官吏都是世袭的。这是一种任人唯亲、任人唯近的选官制度,是用出身血统代替实际才能。

第二,是从吏员中选官,元代称为"吏进"。据元人自己统计,由吏升官的官员占元朝官员的百分之八十以上。吏员是指各级政府的办事人员,如中书省、六部的令史、译史、通事等,通政司、户部各机关的书写、铨写、书吏、典吏等,以及各级政府机关的知印、奏差、簿、尉等。他们都是未入流之人,统称为吏,还没有取得"官"的资格。元朝"吏道杂而多端",吏的来源五花八门,有出身于学校的知识分子,有出身于山林川泽的隐居之士,有的是因一技之长被任用,有的凭各种关系后门做了吏员,也有不少游手好闲、鸡鸣狗盗之徒。这些人都可以根据"年劳差等"被提拔为官,只要熬到一定年头,没有明显过失就可以进入官员队伍。《元史·选举制》特别记载了凡吏员考满授从六品、正七品、从七品、正八品、九品等种种规定,为广大吏员广开升官之门。《元史》作者评论说:"吏有补用之法。曰掾史、令史,曰书写、铨写,曰书吏、典吏,所设之名,未易枚举。曰省、台、院、部,曰路、府、州、县,所入之途,难以指计。""由直省、侍仪等入官者,亦名清望。以仓庾、赋税任事者,例视冗职。

捕盗者以功叙,入粟者以赀进,至工匠皆入班资,而舆隶亦跻流品。""虽名卿大夫,亦往往由是跻要官,受显爵;而刀笔下吏,遂致窃权势,舞文法矣。"①

元制规定,职官升迁,从七品以下属吏部,正七品以上属中书省,三品以上由皇帝决定。实际上元朝州、县官多在外铨选,即使由吏部或中书省监督,各级官员的权力也很大。因此吏员要升官,只要能讨上级喜欢就行。这就为请客送礼、贪污受贿、结党营私、上勾下连创造了条件。元朝的吏治腐败,政治黑暗与此有很大关系。无论从全局看,还是对各级政府而言,这都是一种实用主义的选官制度。

二、学校的缓慢恢复和书院的半正规化

元朝统一前的四代可汗——成吉思汗、窝阔台、贵由、蒙哥,基本的倾向是重武轻文。成吉思汗征战杀伐了一生,主要精力放在征服蒙古草原各部,放在南征和西征上,虽然也曾让塔塔统阿创制蒙古文字,用畏兀字书教育子弟;接见长春真人,尊崇道学;到燕京后也曾立孔子庙,但并未正式

---

① 《元史》卷八一《选举志一》。

兴办学校。窝阔台时，由于耶律楚材等人的努力，开始注意儒学的作用，设立了周子祠，兴办了国子学，创办了太极书院，各地汉将也兴学重儒。但从窝阔台至贵由、蒙哥主要精力还是放在战争上，忙于灭金、灭宋，忙于长子西征和旭烈兀西征，文教事业并没有太大的发展。直到忽必烈上台前后，情况才有了较大转变。

忽必烈重视儒学，希望由儒学培养一批"经国安民"的人物，企图让人们遵守"三纲五常"之道，借以巩固自己的统治。但在整个元代，儒学并未提高到独尊的地位，在佛、道、儒三教中，儒教一直被排在第三。元朝的皇帝一般都不习汉文，正如赵翼所说："太祖以来，但借用畏吾字以通文檄。世祖始用西僧八思巴造蒙古字，然于汉文则未习也。"如要学习儒家经典，就命儒臣翻译成蒙古字，或让他们"直接进讲"。元世祖的太子真金（裕宗）跟姚枢、窦默等学习，熟悉汉文，但未做皇帝就死了。此后的元代皇帝只有仁宗最亲儒重道，然有人进《大学衍义》，他也看不太懂，只好让汉族文人"节而译之"，说明他对汉文"亦不甚深贯"。朝廷大臣中的蒙古勋旧，也很少有人留意儒学，"习汉文者亦少也"[①]。

---

① 赵翼《廿二史札记》卷三〇《元诸帝多不习汉文》。

第十一章　元朝选官途径和汉族儒生地位

这一现象反映了元朝文教事业很不发达，而帝王不习汉文自然会影响到儒学的发展，因此在元朝，学校的恢复是十分缓慢的。

据《元史·选举志》"学校"条记载，太宗六年即公元1234年，虽然办起了国子学，但出任"国子学总教"的却是道士冯志常，在校生也只有侍臣子弟十八人。至元七年即公元1270年，时间过了三十六年，名为"儒教大宗师"的忽必烈，才在中央办了一个十一名学生的学校，比太宗朝还少了七人，只是教师不再由道士充当，而选用了儒家的著名学者许衡、王恂。但这两个教师，十一名学生，无论如何也难以算作全国的最高学府，充其量不过是个学习班、训练班而已。《元史》记载说，到至元二十四年，即公元1287年，元中央才正式"立国子学，而定其制"。这时离成吉思汗建国已过了九九八十一年，离元朝统一也有八年了。元朝的学校恢复之缓慢是十分惊人的。

元朝的国子学制度基本上继承了汉族的传统，比如其中关于教学内容的规定："凡读书必先《孝经》《小学》《论语》《孟子》《大学》《中庸》，次及《诗》《书》《礼记》《周礼》《春秋》《易》。"主要学习封建伦理道德、政治、哲学、历史，目的是培养政府官吏。

元朝中央举办的学校带有自己特点的是，举办了蒙古国子学和回回国子学。元世祖至元八年（公元1271年），"始下诏立京师蒙古国子学，教习诸生，于随朝蒙古、汉人百官及怯薛歹官员，选子弟俊秀者入学，然未有员数。"学习的内容是用蒙古文翻译的《通鉴节要》，等学员学有成效，出题试问，"观其所对精通者，量授官职"。成宗大德十年（公元1306年），将公费生增为六十名。武宗（公元1308—1311年）时又定伴读员四十人。仁宗时，开始有生员百人：其中蒙古五十人，色目二十人，汉人三十人。"而百官子弟之就学者，常不下二三百人。"于是"增其廪饩"①，将正式生员增为一百五十名，减去庶民子弟一百一十四员，听陪堂学业。

回回国子学是至元二十六年（公元1289年）设立的，学习亦思替非文字即波斯文。"凡公卿大夫与夫富民之子，皆依汉人入学之制，日肄习之"。泰定帝泰定年间（公元1324—1328年）时，回回国子学在校生达到五十人，廪膳都由国家负担。"凡百司庶府所设译史，皆从本学取以充焉"。主要任务是培养波斯文翻译。这是我国历史上最早的一所外语院校②。

---

① 《元史》卷八一《选举志一》。
② 同上。

第十一章　元朝选官途径和汉族儒生地位

元朝的地方学校主要有六类，第一类是诸路蒙古字学，第二类是诸路儒学，第三类是诸路医学，第四类是诸路阴阳学，第五类是社学：元代在农村建立了村社组织，五十家为一社，择年高晓农事者，立为社长。同时规定："每社立学校一，择通晓经书者为学师，农隙使子弟入学。"① 它相当于农村的业余学校。教学内容也是先读《孝经》《小学》，次及《大学》《论》《孟》《经》《史》，目的是教育农民子弟"孝悌忠信，敦本抑末"。但在当时条件下，每社立一所学校是做不到的，元世祖时依制建社学的，也只是一部分村社。而且不少社学教学水平很低，其教师"多系粗识文字之人，往往读随身宝衣服杂字之类，枉误后人"②。

以上就是元朝诸路的学校，至元二十三年（公元1286年），大司农上诸路学校数为二万一百六十六所；二十五年（公元1288年）为二万四千四百余所③。

此外，元朝还有第六类学校，这就是书院。书院本属于私学范围，但元朝的书院已经半正规化，大部分具有地方官办学校性质，元统一前见于记载的第一个书院就是姚枢等人

---

① 《新元史》卷六九《食货志》。
② 《通制条格》卷五。
③ 《元史》卷一五《世祖纪》。

在燕京创办的太极书院。此后很长时间内，都没有关于建书院的记载。直到忽必烈受命经营漠南时，京兆宣抚司参议杨奂才建立了乾州紫阳书院，金进士李冶修复了真定路元氏县封龙书院。直到南宋的首都临安被攻下以后，才出现了不少官办和私办的书院。据统计，在元世祖至元年间（公元1264—公元1294年）共新建书院十六所，修复再建的十九所。元初社会相对稳定，生产逐步恢复发展，元世祖、元成宗等又重视文教事业，因此这一时期各地新建、重建书院较多。元仁宗统治时，各地又新建了不少书院。整个元代，各地共新建重建书院一百九十三所，仅在元末顺宗时就建立了六十所，占百分之三十一，这是因为当时元代统治者企图借助儒学挽救政治危机。

　　元代的书院大致可分为三类：第一类是金、南宋幸存下来的书院，第二类是官府主持修建的书院，第三类是民间自办的书院。第二类基本上是官办性质，资财由官府控制，学官由官府任命；第三类多为民办性质，官府只是予以形式上的承认，财务、教务皆由书院自理，"不隶于有司"[①]。这三类书院相加，元代共有书院四百所以上。

---

① 《雪楼集》卷一五。

元代书院的主持者称为山长。山长由礼部、行省或宣慰司任命，级别相当于下州学正。山长之下设直学以掌钱谷。也有以修建书院者为山长，或以先贤子孙为主持者。

书院的教学内容一般以朱熹的"小学"为主，科举恢复后更是如此。也有兼学宋代其他学派著述的，有的书院还设有医学、数学、书学、蒙古字学等。元代书院的学术作用并不太大，但它对元代文化的普及和理学的传播却有较大贡献。民间的书院则为各地乡邻子弟提供了学文化的机会。这说明它主要不是进行学术研究，而是做些普及工作或为科举做准备。

三、元代科举的时兴时废

元代学校的恢复虽然缓慢，但到元朝统一后还是有了相当的发展，在文化普及以及政权建设中发挥了较大作用。元统治者对科举的作用认识得更慢，恢复得更晚，而且在元朝政治中不占多大地位。

耶律楚材在窝阔台时期仿照科举的办法在各地选拔士人，也就是所谓戊戌试，严格说来，这并不是原来意义上的科举，如果算作科举，也只相当于地方一级乡试。但这次选拔人才比历朝历代的会试要多许多倍，因此对元统一前后的政治还是发生了重大影响，涌现出了不少杰出人才。但由于"当世或以为非便，事复中止"[①]。

元世祖至元初年，丞相史天泽"条具当行大事，尝及科举，而未果行。至元四年九月，翰林学士承旨王鹗等，请行选举法，远述周制，次及汉、隋、唐取士科目，近举辽、金选举用人，与本朝太宗得人之效，以为'贡举法废，士无入仕之阶，或习刀笔以为吏胥，或执仆役以事官僚，或作技巧贩鬻以为工匠商贾。以今论之，惟科举取士，最为切务，矧先朝故典，尤宜追述'"。元世祖看了奏章，也认为"此良法也，其行之"。朝廷大臣反复讨论多次，意见不一，"事未施行"。至元二十一年（公元1284年），丞相火鲁火孙与留梦炎等言：中书省臣奏，皆以为天下习儒者少，而由刀笔吏得官者多。元世祖问："将若之何？"对曰："惟贡举取士为便。凡蒙古之士及儒吏、阴阳、医术，皆令试举，则用心为学矣。"元世祖批准了这一建议。后来许衡又议学校科举之法，主张罢诗赋，重经学，定为新制。但终元世祖之世，科举并未

---

① 《元史》卷八一《选举志一》。

第十一章　元朝选官途径和汉族儒生地位

实行①。

　　直到元仁宗皇庆二年（公元1313年）才正式决定实行科举。从元仁宗延祐元年（公元1314年）开始举行乡试，公元1315年举行会试，到元顺帝时蒙古贵族伯颜等掌权，曾停科举十年，后又举行，一共举行了十六次。以三年一次计，仅占四十八年，不到元朝的二分之一。取士人数每次多者不足一百人，如延祐二年（公元1315年）只取五十六人，至治元年（公元1321年）取六十四人，泰定元年（公元1324年）取八十六人，四年取八十六人，天历三年（公元1330年）最多，取士九十七人。汉人、南人由科举进入仕途的数目就更小了。因此元代有人说，由儒入仕的只占元代官员的十分之一半，即百分之五；韩儒林先生等认为，科举出身的官员仅占百分之四。元朝有一种"九儒十丐"的说法，人分十等，儒生被排在第九位，只比乞丐的处境好一些。这种说法虽然过分，但在元朝，知识分子社会地位、政治地位不高却是一个不容否认的事实②。

---

① 《元史》卷八一《选举志一》。
② 同上。

四、元末农民战争中知识分子的分化

元朝统治者不尊重知识,不尊重人才,出于民族偏见、贵族意识,用官择人主要看"根脚";为了应付实际事务,又大量起用文化水平较低或无文化的吏员,从而造成了元朝"侥幸之门多,而方正之路塞。官冗于上,吏肆于下"的局面,虽然"言事者屡疏论列,而朝廷讫莫正之,势固然也"[①]。这种不可挽回的形势,实际上正是由元朝的统治者们一手造成的。元朝民族矛盾尖锐,政治统治黑暗,官吏贪赃枉法者数目惊人,文教事业却明显落后,除去其他因素外,与这种片面的用人政策也有很大关系。元朝和清朝都是少数民族建立的王朝,元朝统治的时间仅仅八十九年,只相当于清朝的三分之一,其寿命之短,恐怕也与这种用人政策有关。元末农民战争中知识分子的分化是对这种政策的一种惩罚。

赵翼在《廿二史札记》中写了这么一个条目:"元末殉难者多进士。"他说:"元代不重儒术","然末年仗节死义者,乃多在进士出身之人。"然后列举了余阙死陈友谅之难,泰不华死方国珍之难,李齐死张士诚之难,李黼死于九

---

① 《元史》卷八五《百官志一》。

第十一章 元朝选官途径和汉族儒生地位

江，郭嘉死于上都，王士元死于浚州等，并得出结论说："诸人可谓不负科名者哉，而国家设科取士亦不徒矣。"进士学习的是四书、五经等儒家经典，一般会成为忠于封建皇帝的奴仆和鹰犬，面对着人民的反抗，一般会站在人民的对立面，这已为大量历史事实所证明。元朝统治者对这一规律认识不足，对汉族儒生采取怀疑、不信任的态度，这是用人政策上一个很大的失策。

也正是因为元朝统治者不尊重知识，不尊重人才，在元末农民战争中才有一批知识分子投奔各地的农民起义队伍，在反元斗争中发挥了重大作用。尤其是朱元璋的队伍中，儒生出身的知识分子占了不小的比重，而且对朱元璋的政策发生了重大影响，对朱元璋推翻元朝做出了重大贡献。

第十二章　明朝文官制度对人才的影响

制度和政策是由人制定的，但一种制度一旦形成之后，又会影响一代人的素质。明代的文官制度包括官吏的选拔、升迁、考课制度，犹如一条指挥棒引导着明代的人才去适应制度的需要，对明代人才的成长产生了重大影响。

一、官吏升迁制度对人才的影响

明代官吏的任免、升迁有各种形式和各种不同的规定，这些规定关系到求官者的切身利益和前途，自然会对人才的成长发生重大影响。

（1）考选试用制对人才的影响

朱元璋用人强调"务实"，因此在恢复科举取士的同时，

第十二章 明朝文官制度对人才的影响

又创立了一种区别于前代的进士授官制度。除状元授修撰，榜眼、探花授编修以外，其他二、三甲进士还要再举行一次考试，考选翰林庶吉士。中选者需在翰林、承敕监等近侍衙门观政三年，等于是进行三年实习和再学习，然后才能正式任官。根据《周礼》"庶常吉士"之义取名为"庶吉士"，类似于现代的实习生或研究生。未中选庶吉士而分配在中央政府诸衙门工作的，也要"观政于诸司，给以所出身禄米，俟其谙练政体然后擢任之"。称为"观政进士"[①]。从此历史上出现了"庶吉士"和"观政进士"的名称。其他分配在地方的府推官及知州、知县等可以直接任官。这种制度可以在一定程度上弥补进士们缺少社会实践经验的不足，有利于政治人才的成长和中央各部门的政事。明朝进士中出现了一批人才，与这种政策有一定关系。如永乐二年（公元1404年），于二甲择文学优等者五十人，及善书者十人为翰林院庶吉士，复命学士解缙等选才资英敏者，就学文渊阁。开始选中曾棨、周述、孟简以及庶吉士杨相等二十八人，以应二十八宿之数。庶吉士周忱自陈少年愿学，于是增为二十九人。这些人经过学习锻炼，以后大都成为有所造就的政治、经济人才。后来"非

---

① 《明史》卷七〇《选举志二》。

翰林不入内阁",因此"庶吉士始进之时,已群目为储相"①。选取庶吉士几乎相当于选拔内阁学士的接班人。

(2)推升、保举制与人才

凡员缺应补,不待考满者,叫做"推升"。其中又分廷推、部推、会举等。内阁大学士、吏部尚书、外官总督、巡抚,由廷推,"九卿共之,吏部主之"。侍郎以下及祭酒,吏部会同三品以上廷推。太常卿以下,部推。外官布政使、按察使缺员,由三品以上官会举②。天顺时,大学士李贤担心会举有"营竞"之弊,"令吏部每缺举二人,请帝简用",称为"并推"③,即成倍推举,由皇帝选用。

保举之法,"自洪武十七年命天下朝觐官举廉能属吏始。永乐元年命京官文职七品以上,外官至县令,各举所知一人,量才擢用"。"洪熙元年特申保举之令"。"凡布、按二司、知府有缺,令三品以上京官保举。宣德三年,况钟、赵豫等以荐擢守苏、松诸府,赐敕行事。七年用郭济、姚文等为知府,亦如之。其所保奏者,郎中、员外、御史及司务、行人、寺副皆与,不依常调也。后多有政绩"。英宗正统七年(公

---

① 《明史》卷七〇《选举志二》。
② 《明史》卷七一《选举志一》。
③ 《明史》卷一七六《李贤传》。

第十二章　明朝文官制度对人才的影响

元 1442 年）曾罢荐举县令之制。有人主张郡守也应由吏部奏请皇帝任用，"尚书王直、英国公张辅等言，方面郡守，保举升用，称职者多，未可擅更易。英宗仍从辅、直言"。"景泰中，复行保举"。当时缺参政等官三十余员，令三品以上官保举。"自后惟布、按两司三品以上官连名共举，其余悉付吏部"。正德以后，保举之法渐废①。

这种推升、保举制度等于是在统治阶级内部发扬一定的民主，发动中高级官员推荐人才，根据多数人的意见选用中央高官和地方大员。这种制度既可以"佐铨法之不及，而分吏部之权"，又可以弥补皇帝"特简"的不足，有利于发现和选拔各种人才。在很长时期内，这种选人制度深入人心，大臣不由廷推而入，反以为耻。如弘治五年（公元 1492 年），宦官传旨改任湖广巡抚徐恪为南京工部侍郎，徐恪上疏说："大臣进用，宜出'廷推'，未闻有'传奉'者，臣生平不敢由他途进，请赐罢黜。"② 熹宗即位，选孙如游入阁，"言者诋其不由廷推，交章论列"，孙如游十四次上疏，坚决要求辞职③。在这种情况下，一些大臣也以荐举人才为己任，出以公心推

---

① 《明史》卷七一《选举志三》。
② 《明史》卷一八五《徐恪传》。
③ 《明史》卷二四〇《孙如游传》。

181

荐人才。如"顾佐以杨士奇、杨荣荐,由通政司擢都御史。陈勉以士奇荐,由副使擢副都御史。高谷以士奇荐,由侍讲进工部侍郎,入内阁。曹鼐亦以杨荣、杨士奇荐,由侍讲入内阁"①。于谦、李贤、王越、周忱等名臣,也是通过荐举知名当世的。"于谦之为河南巡抚也,三杨在政府,皆重谦",后遂左迁大理少卿,进入中央政府。"杨荣荐周忱,遂以工部侍郎巡抚江南,果兴利除弊,为名臣","其时荐贤者,皆采人望,核才品而后上闻","非如后世布恩植党之为也"②。

由各级官吏荐举、会推人才自然也会出现一些弊病,"所举或乡里亲旧、僚属门下,素相私比者"③,即出现举人唯亲、举人唯近、举人唯旧等结党营私的现象。但它总比由吏部的少数人鉴别天下官员、由皇帝一人提拔高级官员更全面,更可靠些,因此赵翼说:"盖一人之耳目有限,若虑大臣荐引易开党援门户之渐,而必以己所识拔者用之,恐十不得一二,得能择老成者硕十数人,置之丞弼之任,使各举所知,则合众贤之耳目为一人之耳目,自可各当其用,所谓明目达聪也。"④

---

① 《廿二史札记》卷三三《大臣荐举》。
② 同上。
③ 《明史》卷七一《选举志三》。
④ 同①。

（3）久任制与人才

久任制是明朝官吏制度中一个很有特点的制度，不少史籍对此都有记载和评论。最早提出这一建议的是洪武十八年（公元1385年）的太常博士薛文举，他说："人才称职者宜久任。"[1] 永乐十年（公元1412年），朱棣则明确告谕吏部："守令，郡邑之长，昔人每戒数易。须久于其职，方能责成治效。"[2] 主要强调地方守令要久任。嘉靖五年（公元1526年）三月，正式制定"有司久任法"。万历二年（公元1574年），又"诏内外官行久任之法"[3]。十三年（公元1585年）又规定："巡抚宜久任。"崇祯元年（公元1628年）"复外官久任法"[4]。明朝官吏的久任从朱元璋开始到明朝末年一直在不同程度地实行着。久任指的是一个人长期担任一种官职，"可加俸、加衔，不可转易更动"，即只增加俸禄待遇和官吏级别，而不调动具体工作。

如何评价这种官吏久任制呢？赵翼认为：当时"耆艾满朝，老成接迹，盖劫运之后，必有一番太和元气，周浃宇宙，

---

[1]《大政记》，《明会要》卷四六《久任》。
[2]《世法录》，《明会要》卷四六《久任》。
[3]《明史》卷二〇《神宗纪》。
[4]《明史》卷二三《庄烈帝纪》。

诸臣适当其隆，故福履康强，身名俱泰。当时朝廷之上，优老养贤，固可想见，而诸臣庞眉白首，辉映朝列，中外翕然称名臣无异词，其必有以孚众望者矣"。指出出现这种情况首先与形势发展有关，另外与朝廷"优老养贤"的政策有关，同时与这些人才的能力和建树有关。这种政策有利于人才发挥自己的特长，也有利于政局的稳定。这种久任制与崇祯时走马灯式的换人易官形成一个鲜明对照。但这种久任制也有它的弊病，"若专宠利而窃威权，如万安为相十九年，刘吉为相十八年，已丛物议。至严嵩为相二十一年，遂入《奸臣传》，为千载唾骂。"[1]因此龙文彬也说："官莫善于久任，而辅臣为尤宜。然必慎选其人，方能匡主庇民，为国家树无穷之利。若任之不当，或籍以植党固宠，窃禄愈久，结毒愈深，如嘉靖之张、严，崇祯之温、周，使国脉阴受其划削而莫之觉。此则去之唯恐不速者，人主不可不审也。执此以推之，百僚亦何莫不然？"[2]

（4）其他任人法的利弊

除以上几种任人法外，明代选拔任用官吏的办法还有特

---

[1] 《廿二史札记》卷三三《明大臣久任者》。
[2] 《明会要》卷四六《久任·龙文彬按》。

第十二章　明朝文官制度对人才的影响

简、传奉、掣签法以及任子、纳资、南北更调用人等，这些任人法对人才的成长也有一定的影响。

"特简"指的是由皇帝简拔官吏担任某种重要职务。这种简拔的效果如何，既与皇帝本人的水平和识别能力有关，也与是否听取臣下意见有关。如"明宣德五年五月，择廷臣九人为知府，赵豫松江，况钟苏州，罗以礼西安，……皆赐敕乘传行"，"是年十一月，又择廷臣二十五人为知府：李骥河南，王莹肇庆……"，"英宗正统元年，亦择廷臣十一人为知府，王源潮州，李湘怀庆，翟溥南康"[①]。这些人后来都在地方做出不少成绩，被列入《明史·循吏传》，这主要是因为皇帝简拔时充分考虑了大臣的意见，尤其是正统元年（公元1436年）的简拔，显然出自三杨的主张，名为"特简"，实为会举、推荐。而有些特简则问题很大，如嘉靖皇帝特简张璁、桂萼、李春芳等，穆宗特简陈以勤、赵贞吉等，神宗特简许国、赵志皋、张位等。"世宗眷侍直诸臣厚，凡迁除皆出特旨。李春芳自学士至柄政凡六迁，未尝一由廷推"[②]。崇祯帝虽然也让大臣会推阁臣，但因会推结果与他本意不合，

---

① 《廿二史札记》卷三三《特简廷臣出守》。
② 《明会要》卷四八《选举·廷推》。

往往推而不用，阁臣、督抚多出自特简，其中也出了不少毛病。

"传奉"是指皇帝由宦官传旨，提拔任用某人为官。这是宦官专权的一种形式。"宪宗初即位，命中官传旨，用工人为文思院副使，自后相继不绝。一传旨，姓名至百十人，谓之传奉官。文武僧道滥恩者以千数"[1]。弘治七年（公元1494年），太监李广矫旨授传奉官，吏部尚书耿裕反对，皇帝不予采纳[2]。弘治十二年（公元1499年），给事中张宏至上疏说："近匠官张广宁等一传至百二十余人。少卿李伦、指挥张玘等再传至一百八十余人。"[3]成化十九年（公元1483年）十二月，都给事中王瑞等上疏反对任用传奉官，指出："今幸门大开，鬻贩如市。恩典内降，遍及吏胥。武阶荫袭，下逮白丁。或选期未至，超越官资；或外任杂流，聚迁京职，以至厮养贱夫，市井童稚，皆得攀援，妄窃名器，逾滥至此，有识寒心……乞断自宸衷，悉皆斥汰，以存国体。"[4]因此明朝也曾多次淘汰这种传奉官，如孝宗死后，马文升承遗诏，请汰传奉官七百六十三人[5]。世宗即位，尽斥先朝传

---

[1] 《明会要》卷四九《选举三·传奉》。
[2] 《明史》卷一八三《耿裕传》。
[3] 《明史》卷一八〇《张宏至传》。
[4] 《明史》卷一八〇《王瑞传》。
[5] 《明史》卷一八二《马文升传》。

第十二章 明朝文官制度对人才的影响

奉官三百余人[①]。但明朝的宦官长期把持中央政权,包括一些内阁大臣都是因传奉得官,因此直到明朝末年,这批走宦官的后门,依靠宦官势力进入仕途的传奉官仍有相当势力。

正是为了排除宦官对任官制度的干扰,万历年间的吏部尚书孙丕扬创"掣签法"。据孙承泽《春明梦余录》卷三十四记载:万历二十二年(公元1594年),"孙太宰丕扬,杜权贵请托之弊,行大选掣签之法,一时称公。"在外府佐及州、县正佐官,尽用掣签。这种办法弊病更大,它既不讲历代辨官论材之制,也不讲本朝任官除吏的条格,人才不分高下,地方不论繁简,而一凭抽签。名为取决于天意,"使尽付之无心,则天官之职,一吏可代。"[②]吏部完全失去了应有的作用,当时人"因讥诠部为签部"。后来又出现造签之弊,权臣和吏部仍可上下其手,"讨缺者无不如意"。因此曾有不少人建议罢掣签之法,复祖宗之旧。但掣签法"终明世不复更也"[③]。明朝的选官制度已步入歧途。

任子制也是明朝的一种选举制度。明初,因前代任子之制,文官一品至七品皆得荫一子以世其禄。后乃渐为限制,在

---

① 《明史》卷一八《世宗纪一》。
② 《明史》卷二三四《翁宪祥传》。
③ 参见《续文献通考》《明会典》《明会要》。

京三品以上，考满著绩，方得请荫。而且规定被荫者必试其人而后得荫，先要入国子监学习，称为官生。出自特恩者才不限官品，称为恩生，或立即授予职事，或送监读书。一般被荫者必从科举而后授官。后来才规定，荫而获举，复得以其次子补，或以嫡子之孙补①。洪武十六年（公元1383年）定职官子孙荫叙。正统时规定：荫者惟令科第出身。成化时定例，凡文武官死于忠谏者，一子入监。其后守土官死节，皆得荫子。②正德时，边功及内阁成员也可荫子。后来宦官也可以荫义子。这是根据祖、父的特权入学、升官的制度，其中也会培养出一些人才，但从根本上看并不利于人才的成长与选拔。

"纳资"制开始于景泰元年（公元1450年）。当时由于也先俘虏英宗，北京危急，户部议令军民输纳者给冠带，官吏罪废者输草于边得复职。景泰二年（公元1451年），令民输纳者世袭武职。天顺八年（公元1464年），山东大饥，巡抚牟俸乞开纳粟例，令胥吏得就选，富民授散官。宪宗初年，纳马入国子监者至万余人。成化二年（公元1466年），以荆襄用兵，令生员纳米百石以上入国子监；军民纳二百五十石为正九品散官，加五十石增二级，至正七品止。正德二年（公

---

① 《明史》卷六九《选举志一》。
② 《明史》卷七〇《选举志三》。

第十二章　明朝文官制度对人才的影响

元 1507 年），工部以接济工程，奏请纳资授官。此后一遇灾荒或战乱，明政府屡开纳资之例。这种制度一开始就受到人们的批评和反对。如景泰二年（公元 1451 年）监生郭佑就上书说：这种办法使"农工商贩之徒，不较贤愚，惟财是授。骄亲戚，夸乡里，长非分之邪心。赃污吏罢退为民，欲掩闾党之耻，纳粟纳草，冠带而归。前以冒货去职，今以输货得官，何以禁贪残，重名爵"[①]？景泰开纳粟之例，但人数不过八九百。到成化二十年（公元 1484 年），刁臣以救荒无策，又令纳粟入监，当时入监者已至六七千人。至嘉靖以后，因太仆缺马，户部缺边费，"开例益滥。市井恒人，皆得借俊秀名目，输粟入监，注选铨部者，至数万人。""其间英俊，由此而攫名科第，表树勋猷，夫岂无人？然千百而什一耳！"[②]

任官实行"南北更调之制"，主要是为了防止官员与地方势力勾结或以权谋私，不利于中央集权。《明史》卷七十一《选举制》载："洪武间，定南北更调之制，南人官北，北人官南。其后官制渐定，自学官外，不得官本省，亦不限南北也。"《明太祖实录》四年十二月载："是时吏部铨选，南北更调，已定为常例，而有厌远喜近者，往往以南籍改冒

---

① 《明史》卷一六四《聊让传》。
② 《明要会》卷四九《选举三·纳资》。

北籍，以北籍改冒南籍，上闻之曰：凡治人者必先自治，此辈立身先已如此，其能治人乎！谕吏部禁治之。"后来明代任官虽不再限南北，但仍不允许本省人任本省官。这种制度有一定合理性，值得我们认真总结，吸取其中有益的历史经验。

二、考课制度对人才的影响

（1）考满、考察制度与人才得失

自朱元璋起，明朝就制定了一套官吏考课制度。朱元璋认为："任官之法，考课为重。""若百司之职，贤否混淆，无所惩劝，则何以为治？故鉴物必资于明镜，考人当定以权衡。"① 为此，他不仅制定了官吏《到任须知》，颁布了《诸司职掌》，还详定"考绩法"及考满考察的种种规定。所谓"考满"是针对每个官员说的，"论一身所历之俸"。每人任职满三年曰初考，六年曰再考，九年曰通考。"依《职掌》事例考核升降"。考满分上、中、下三等，曰称职，曰平常，曰不称职。成绩平常以上，可以再用或升迁。初任官员，试职一年即须考核，作为是否实授之用。"诸部寺所属，初止署职，

---

① 《明太祖实录》卷一六三。

必考满始实授"。九年之内，二考称职，一考平常，从称职；二考称职，一考不称职，或两考平常一考称职，或称职、平常、不称职各一考者，俱从平常；二考平常，一考不称职，从不称职。① 所谓"考察"是全国官吏的统一考核，京官六年一次，叫京察；外官三年一次，叫外察。京察已、亥之年进行，四品以上自陈以取上裁，五品以下分别致仕、降调、闲住为民者有差，具册奏请。外察于辰、戌、丑、未之年进行，规定外官三年一朝觐，因又称为朝觐考察。主要是监察内外官吏，其目有八：一贪，二酷，三浮躁，四不及，五老，六病，七疲，八不谨。"州县以月计上之府，府上下其考，以岁计上之布政司。至三岁，抚、按通核其属事状，造册具报，丽以八法。而处分察例有四，与京官同。明初行之，相沿不废，谓之大计。计处者，不复叙用，定为永制"②。负责考核官吏的有本衙门、本司正官、十三道察监御史、各省按察司、布政司，以及都察院、六科、吏部考功司等。

明前期、中期的考课相当严格，对人才的得失、吏治的整顿产生重大影响。如洪武十八年（1385年），"吏部言天

---

① 《大明会典》卷一二《考功清吏司》《考核》；《明史》卷七一《选举志三》。
② 同上。

191

下布、按、府、州、县朝觐官,凡四千一百一十七人,称职者十之一,平常者十之七,不称职者十之一,而贪污阘茸者亦共得十之一。帝令称职者升,平常者复职,不称职者降,贪污者付法司罪之,阘茸者免为民。"①明英宗天顺八年(公元1464年),吏部、都察院黜不称职者数百人。其贤能卓异者,赐宴及衣币遣之②。天顺六年(公元1462年),李侃巡抚山西,考察属吏:奏罢布政使王允、李正芳以下百六十人③。成化十一年(公元1476年),吏部奏罢朝觐官布政使杨文琳、按察使王琳以下一千三十一员④。"弘治六年考察当罢者共一千四百员,又杂职一千一百三十五员。帝谕:'方面知府必指实迹,毋虚文泛言,以致枉人。府州以下任未三年者,亦通核具奏。'尚书王恕等具陈以请,而府、州、县官贪鄙殃民者,虽年浅不可不黜。帝终谓人才难得,降谕谆谆,多所原宥。当黜而留者九十余员"。"恕以言不用,且疑有中伤者,遂力求去"⑤。

---

① 《明史》卷七一《选举志三》。
② 《大明会典》卷一二《考核》。
③ 《明史》卷一五九《李侃传》。
④ 《明会要》卷四六《职官·考课》。
⑤ 同①。

第十二章　明朝文官制度对人才的影响

弘治时对贪官污吏已有点手软，但朱元璋对贪官污吏的惩罚却是毫不留情的。他规定官吏贪污钱财六十两以上的，就斩首示众，还要剥皮实草。当时府、州、县、卫衙门的土地庙就是剥人皮的场所，称为"皮场庙"。在官府公座两旁，各悬一个填满草的人皮袋，使官吏知所警惕，触目惊心[1]。并曾规定："官吏有罪者，笞以上，悉谪屯凤阳，至万数。"[2] 洪武十八年（公元1385年），还曾"诏尽逮天下积岁官吏之为民害者，赴京师筑城"[3]。主张要对犯罪的官吏进行劳动改造。

但朱元璋也不是一味地惩罚，而是惩罚与奖励并举，如洪武十一年（公元1378年），"命吏部课朝觐官殿最。称职而无过者为上，赐坐而宴。有过而称职者为中，宴而不坐。有过而不称职者为下，不预宴，序立于门，宴者出，然后退，庶使有司知所激劝。"[4] 即使对于那些考核下等的官员，"州县父老有诣阙上言县官善政，当罢任而举留者"，朱元璋也肯定他们能"抚循百姓"，"得其欢心"，一律"赐手敕奖

---

[1] 《廿二史札记》卷二三《严惩贪吏》。
[2] 《明史》卷一三九《韩宜可传》。
[3] 《明史》卷二九六《朱煦传》。
[4] 《明太祖实录》卷一一七。

励复职"。"每旌举贤良以示劝,不专任法也"。"沿及成祖、仁、宣、英、景、宪、孝诸帝,亦皆加意吏治,其有政绩卓著,往往特敕奖之"。"且是时吏部考察之权最重,蹇义、王直、马文升先后长部事,尤以奖廉黜贪为要。史称蹇义慎择守令,考察明恕。而王直察举天下廉吏","此又吏部之能择人而任也"。"一时风气如此,故为守令者无不洁己爱民,耻干清议。《循吏传序》云,洪武以来,吏治澄清者百余年"[①]。足见明代官吏的考课制度并非一纸空文。

(2) 张居正的考成法与改革人才

"嘉、隆以后,吏部考察之法徒为具文,而人皆不自顾惜,抚按之权太重,举动惟贿是视,而人皆贪墨以奉上司,于是吏治日偷,民生日戚"[②]。万历初年,张居正出任内阁首辅,大力整顿吏治,"严考课之法,审名实之归","用人必考其终,授任必求其当","用舍进退,一以功实为准",定考成法,"立限考事","以事责人","月有考,岁有稽",依靠内阁、六科,指挥六部和都察院,对全国内外官吏进行严格考核:一为定期考察,二为随事考察,三为访察告诫。规定,内外

---

① 《廿二史札记》卷三三《明初吏治》。
② 同上。

194

第十二章　明朝文官制度对人才的影响

官必须三、六年考满，称职者升，平常者复职，不称职者免。使明朝的吏治又一度出现新气象。

张居正主张"以治效为准"，"遍识人才"，力求根据"功实"任免官吏。他提出"立贤无方，唯才是与"，选拔官吏主要看实际才能。对公侯伯爵非有军功不得滥封，"大臣子弟，不宜与寒士争进"。对皇亲贵戚宁可赐给财富，不能轻授职务，官职不论大小，一概不准世袭。他裁减了十分之三因循守旧的官僚，调整了统治机构，提拔重用了一批坚持改革的文武人才，推动了当时的社会改革。

他提拔谭纶为兵部尚书，谭纶带领兵部清理未完事项，订立完成期限。任用戚继光、李成梁、王崇古等主持北边防务，在山海关至居庸关的防线上增筑空心敌台三千多座，并按期完成了大同沿边墙垣的修理工作，对加强边防、增强战备发挥了重大作用。成梁"力战却敌，功多至封伯，而继光守备甚设。居正皆右之，边境晏然"[①]。

他任用水利专家潘季驯督修黄河水利工程。潘季驯放弃以往的"疏通"之法，采用"以堤束水，以水攻沙"的办法，筑堤以集中激流，借水势把泥沙冲刷入海，解决了黄河泥沙

[①] 《明史》卷二一三《张居正传》。

淤塞、常年泛滥的问题，改变了黄河南流入淮的局面，使漕运畅通，大量被淹土地变为良田。

他颁布了丈量土地的"清丈条例"，任用张学颜为户部尚书主持清丈工作，限期全国各地三年完成，并对破坏清丈者"下诏切责"。经过三年工作，共清丈出土地七亿亩，比弘治十五年（公元1502年）增加了二亿八千亩，其中很大一部分是勋戚豪绅不纳粮差的土地和官屯、民屯地。

在普遍清丈土地的基础上，张居正总结了海瑞、庞尚鹏等人实行的"一条鞭法"，下令于公元1581年将"一条鞭法"作为一种统一的制度向全国推行，完成了中国历史上一次十分重要的赋役制度改革。

总之，张居正"勇敢任事，豪杰自许"，"殚精毕智，勤劳于国家"，在明朝中后期确实起到了起衰振靡的作用。正如谈迁所说："江陵立考成法，以为制治之本。向者因循玩愒，至是始中外淬砺，莫敢有偷心焉。""江陵志在富强，当积弛之后"，"力振其弊，务责实效，中外凛凛，毋敢以虚文支塞"[1]，缓和了明中后期的政治经济危机，使得"太仓所储，足支八年"。"自正、嘉虚耗之后，至万历十年间，

---

[1] 《国榷》卷六八。

最称富庶"。

当然,明朝的官吏考课制度也有不少积弊,从朱元璋起就把考课、监察官吏作为巩固皇权统治的一种手法,不惜用锦衣卫、东、西厂等特务组织监督各级官吏,用廷杖、诏狱、严刑和屠杀的手段对待官吏。各级官吏之间既有结党营私、徇私枉法者,又有互相诬告,落井下石者。以监督考核之权作为党争的工具和手段,利用京察大计排斥异己,网罗亲信,这样的事例也屡见不鲜,尤其到明后期更为严重。

第十三章　王夫之治学成才的启示

一、入学之士，尚志为先

王夫之（公元 1619—公元 1692 年）字而农，号姜斋，湖南衡阳人。明末清初著名的哲学家、思想家，具有高尚民族气节的爱国志士。因其晚年隐居在衡阳曲兰的石船山麓，故而世称船山先生。

王夫之认为"学者之事"就是学为君子，学为大丈夫，学为圣贤豪杰。因此，他也像孔子和张载那样，重视立志在治学成才中的作用。他说："入学之士，尚志为先。"[①] 一个决心治学成才的人，最重要的是要确定一个正确的志向。"志

---

① 《俟解》。

第十三章 王夫之治学成才的启示对人才的影响

定而学乃益"①,志向确定了,学业才能不断有所进步。相反,如果没有确定的志向,三心二意,无所追求,则会"大以蚀其心思,而小以荒其岁月"②。从大的方面看,人无大志必然会意志消沉,逐渐使一个人的思想受到销蚀;从小的方面看,人无大志则会荒废岁月,得过且过,当一天和尚撞一天钟。

基于以上认识,王夫之十分推崇孔子的"吾十有五而志于学",说:"孔子之圣,唯志学之异于人也。"认为孔子之所以能成为圣人,关键就在于他少年时就立志治学成才。王夫之反复教育自己的子孙要十分重视立志问题,他说:"传家一卷书,惟在汝立志。"③他希望自己的后人能够通六艺、成大业,"能兴即谓之豪杰"④即立志成为豪杰,并向圣贤不断前进,而不要"终日劳而不能度越于禄位田宅妻子之中,数米计薪,日以挫其志气"⑤。他教育自己的后人和弟子说:一个人是否立志,其结果将会大不相同:"志立则学思从之,故才日益而聪明盛,成乎富有;志之笃,则气从其志,以不

---

① 《俟解》。
② 同上。
③ 同①。
④ 同①。
⑤ 同①。

倦而自新。盖言学者德业之始终，一以志为大小久暂之区量。"① 这就是说，一个人如果确立了正确的志向，自然就会努力学习，认真思考，因此才能不断有所进步。一个人如果志向坚定，意气、情感也会服从他的志向，通过不断的奋斗而达到自新的目的。总而言之，一个学者德业的始终，只能用志向的大小久暂作为区别的标准，也就是说：志大则德业大，志小则德业小，道德事业得失成败都以志之大小为转移。

王夫之还曾明确谈到立大志与成大业之间的关系，他说："学者之识量皆因乎志。志不大则不深，志不深则不大。盖所期者小，则可以浮游而有得，必无沈潜之识。所求者浅，则可以苟且自居，必无高明之量。"② 这就是说，王夫之不仅主张立志，而且主张立大志，他认为一个学者识量的大小——即学术水平的高低都是由其志向决定的。如果一个人追求的目标很低，不费多大力气就可以达到，这种人自然不会下功夫去钻研高深的学问，而只能是"苟且自居"，浅尝辄止，结果自然"必无高明之量"。

志向是一个人为之奋斗的目标，志壹志笃才有可能取得

---

① 《张子正蒙注》卷五。
② 《四书训义》卷九。

成功。王夫之说："人之所为，万变不齐，而志则必一。从无一人而两志者，志于彼，又志于此，则不可名为志，而直谓之无志。"① 这就是王夫之所说的"贞其志，勿自乱也"。王夫之认为，一个人要治学成才必须"贞志"，而绝不能两志，不能这山看着那山高。人们常说："一心不可二用。"一个人既"志于彼，又志于此"，朝秦暮楚，兴趣经常转移，自然不会干成任何事业。因此，王夫之直接称呼这种人是"无志"之人。以上是王夫之治学成才的经验之谈，是有利于人才成长的至理名言。

二、"博学审思"，"知行并进"

学、问、思、辨、行是《中庸》篇提出的有关治学成才的一个老问题，它涉及学与思、知与行，以及学、问与思辨的关系。正确地处理这些关系自然有利于治学成才。王夫之根据自己治学成才的切身体会对这一问题作了新的解释，他说："学、问、思、辨、行，章句言目而不言序"，"实则学之弗能则急须辨，问之弗知则急须思，思之弗得则又须学，

---

① 《俟解》。

辨之弗明仍须问,行之弗笃则当更以学、问、思、辨养其力,……若论五者第一不容缓则莫如行。"①王夫之认为,学、问、思、辨、行是互相联系,互为补充的,是相辅相成的。一个人要治学成才就应该勤学、明辨、好问、审思、笃行。学习是为了掌握知识,"所未知者而求觉焉,所未能者而求效焉,于是而有学"②。学习弄不懂的问题自然要明辨是非,要问、辨、思考,或者进行讨论。经过思考仍然弄不懂,就需要学习,个人不能明辨是非则需要继续询问别人,而在实行的过程中遇到了问题,自然应该回过头来"学、问、思、辨、养其力"。如果考虑这五者的轻重缓急,王夫之认为"第一不容缓则莫如行"。王夫之指出:"才以用而日生,思以引而不竭。"③才能越用越多,脑子越用越聪明,越发达。因此学问、思辨都应努力付诸行动。

在学与思的关系上,王夫之继承了孔子以来历代教育家的正确思想,并提出了自己的新见解,他说:"致知之途有二:曰学曰思。学则不恃己之聪明","思不徇于古人之陈迹","思不容不审","学不容不博","学非有碍于思,

---

① 《读四书大全说》卷三。
② 《四书训义》卷五。
③ 《周易外传》卷四。

第十三章　王夫之治学成才的启示对人才的影响

而学愈博则思愈远；思正有功于学，而思之困则学必勤。"①他认为人们获得知识有两个重要途径，一是学习，二是思考。学习就是吸取前人创造的文化知识，因此不能自以为聪明，拒绝学习别人的长处；思考则需要发挥个人的聪明才智，因此不能"徇于古人之陈迹"，不能人云亦云。思考就是要多问几个为什么，看一看那些知识"其理果尽于言中乎？抑有未尽而可深求者也"？因此"思不容不审"。而为了明辨是非，则需要"印之于古人"，看一看"其道果可据为典常乎？抑未可据而俟裁成者也"？因此"学不容不博"②。这就是说学与思要互相结合，要相互促进，而且要博学、审思。只有博学才能尽量吸取前人创造的知识，而避免单凭个人的一孔之见、一得之功而做出片面的结论；只有审思才能不为传统的观念所束缚，才能发挥独立思考的作用，破旧立新，继往开来。总之，博学可以促进审思，使一个人逐步具备远见卓识；而审思又可以促进博学，使一个人勤于学问，成为饱学之士。

在知与行的关系上，王夫之既不同意朱熹的知先行后说，也不赞成王阳明的知行合一说。他批评朱熹的"知先行后"

---

① 《四书训义》卷六。
② 同上。

说是"汲汲于先知以废行",盲目地鼓吹所谓先天存在的知识,而取消了实际行动或各种实践;又批评王守仁的"知行合一"说是"销行以归知,终始于知",或者是"以知为行",实际上还是用知代替行。他明确指出:"行可兼知,而知不可兼行。君子之学,未尝离行以为知也必矣。"① 又说:"力行而后知之真"②,"知之尽,则实践之而已。"③ 他认为,实际行动可以得到知识,但知识本身并不能代替实际行动。君子的学问,绝不是离开实际行动而产生的;也就是说,任何知识都不可能离开社会实践而单独存在。他还说:"知也者,因以行为功者也","行焉可以得知之效也。"④ 知识的正确与否只能在实行中得到验证,"行"则可以当作检验"知"的标准。王夫之以上的论述说明,一切真知都是从直接经验发源的,都是从社会实践中来;而实践反过来又检验知识是否正确。这是唯物主义的反映论,它与唯心主义的先验论划清了界限。

---

① 《尚书引义》卷三。
② 《四书训义》卷五。
③ 《张子正蒙注》卷五。
④ 同①。

三、继善成性，积渐成才

人们的知识才能和道德品质是先天就有的，还是后天形成的？这是我国古代教育家和思想家们争论不休的一个问题。王夫之结合自己几十年治学成才和教书育人的实践，明确反对"生而知之"和"唯上智与下愚不移"的唯心主义先验论，提出了一系列独到的见解。

王夫之认为，首先应该将人性一分为二，它包括"先天之性"与"后天之性"，即具有自然与道德两种属性。王夫之称先天之性为"命"，称后天之性为"性"。他说："自天之与人者言之则曰命，自人之受于天者言之则曰性。"[①]"命"是"天之与人者"，主要指人的自然生理、心理条件、机能和欲望，包括目能视，耳能听，心能思，以及"包含男女之欲"[②]"货色之好"[③]等。这就是我们通常所说的天赋资禀或遗传素质。"性"指"人之受于天者"，即与动物有本质区别的"人道"，人的本性，包括人判断是非善恶的能力和道德意识，包括"好学近乎知，力行近乎仁，

---

① 《四书训义》卷三八。
② 《诗广传》卷二。
③ 《诗广传》卷三。

知耻近乎勇"①等。"后天之性，习成之也"②。这种后天之性是在人们的生活实践中逐步形成的。它不是"一受成侀"，一成不变的，而是"屡移而异"，"日生不滞"，"未成可成，已成可革"，"新故相推"③的。

王夫之承认，人们的"先天之性"即天资禀赋的确是有差别的，他说："知量之大小、偏全、深浅、迟速，因乎生资。"④并举例说："师襄之于琴也，上也；夫子之于琴也，次也。准此而或道或艺，各有先后难易之殊。"⑤但王夫之又指出，这种先天的差别并不太大，只要肯于"力学"，天资差的人也可以赶上天资好的人"若说资禀，则人皆可以为尧舜"⑥。这里的关键在于后天的努力，即王夫之所说的"习"与"继"。

王夫之指出，历代学者谈人性，唯有孔子的"性相近，习相远"的说法比较接近实际。他说："孟子言性，孔子言习，性者天道，习者人道。《鲁论》（指《论语》）二十篇，皆言习。

---

① 《思问录·内篇》。
② 《读四书大全说》卷八。
③ 《尚书引义》卷三。
④ 《四书训义》卷九。
⑤ 同②。
⑥ 《读四书大全说》卷九。

第十三章 王夫之治学成才的启示对人才的影响

故曰：'性与天道，不可得而闻也。'"① 又说："习气移人"②，"教修而性显"③，"君子之为学也，将以变其气习也"④，"习之于人大矣。"⑤ 他认为，学习、教育、实践在人性的形成和发展中具有决定性作用。

王夫之认为："性者生也，日生而日成之也。"⑥ 又说："习与性成"⑦。人性是一天天逐步形成的，人性的形成离不开人的自觉活动，即学习、教育和实践。因此王夫之提出，人们不仅应该"养其圣于童蒙"⑧，从小就养成良好的学习习惯和优秀的思想品质，为成为圣贤打下一个牢固的基础，同时还应该继续前进，一天一天有所进步，这样才能"继善成性"。"继之则善，不继则不善"⑨。一个人只有不断前进，才能逐步形成优良的品德；而如果停步不前，"则恶兴焉"。由此可见，上智与下愚都不是先天的，"学博则聚古

---

① 《俟解》。
② 同上。
③ 《思问录·内篇》。
④ 《四书训义》卷二九。
⑤ 《读通鉴论》卷一〇。
⑥ 《尚书引义》卷三〇。
⑦ 同⑤。
⑧ 同①。
⑨ 《周易外传》卷五。

今之理于心"①，上智是学习、教育和修养的结果；而"失教失导即为下愚"，下愚则是失于教养，拒绝学习的恶果。这就是王夫之一再强调的"日生日成"，"继善成性"，"继性成德"的治学成才理论。从这一理论出发，王夫之强调人们不应满足于自己的先天素质，而应该特别注意发挥后天的主观能动性。"夫天与之目力，必竭而后明焉；天与之耳力，必竭而后聪焉；天与之心思，必竭而后睿焉。可竭者天也，竭之者人也。人有可竭之成能，故天之所死犹将生之，天之所愚犹将哲之，天之所无犹将有之，天之所乱犹将治之"②。人们只有利用自己的先天素质，充分发挥自己的主观能动性，才能达到目明、耳聪、心睿的结果，这就是说目越用越明，耳越用越聪，脑子越用越发达，心思越用越敏锐。先天给了人们可以利用的素质，人们充分发挥自己的主观能动性，就能够化死为生，化愚为哲，化无为有，化乱为治，即可以影响一个人的生死祸福，贫富贵贱。

王夫之还正确地阐明了治学成才的另一规律，即循序渐进，积渐不息。他所说的循序渐进，主要是指学习知识要由

---

① 《周易外传》卷一。
② 《读春秋左丘传博议》卷下。

第十三章 王夫之治学成才的启示对人才的影响

浅入深,由粗到精,由表及里,由此及彼,而不能躐等,不能企图一口吃成个胖子。王夫之将这一过程具体分为五步,努力做到大小精粗合理安排,前后贯通。所谓积渐不息,主要是讲不间断地循序而进,持之以恒,始终不停止学习、修养。王夫之说:"君子之道,譬如行远必自迩,譬如登高必自卑矣。……行无有不积,登无有不渐,迩积而远矣,卑渐而高矣。故积小者渐大也,积微者渐著也。……念念之积渐而善量以充,事事之积渐而德之成以盛。驯致其极而遂至于高远矣。"①这就是说,君子治学成才好比走路一样要由近至远,又好比登高一样要由低到高。走路要一步一步积累,登高也要渐渐上升,这样才能由近至远,由低到高。一个人治学成才也是积小为大,积微渐著,这就是"积渐"的意思。经过"念念""事事"的长期积累,君子就可以具备丰富的知识、杰出的才能和高尚的品德。

王夫之还指出:"学成于聚,新故相资而新其故;思得于永,微显相次而显察于微。"②又说:"显以察微,渐积之久,而大疑自决。"③知识在于积累。知识只有积累到一定程度

---

① 《四书训义》卷三。
② 《周易外传》卷五。
③ 同上。

才能产生新的见解,因此说"学成于聚";研究只有达到一定水平才能解决一些大难大疑的问题,因此叫做"思得于永"。王夫之又说:"人能有恒则曲"[1],"能百能千而不厌不倦,其才不可及也。"[2] 治学成才贵在坚持,谁若能持之以恒,他就能曲尽万物,曲成其才。一个人虽然做出了千百个成绩,但他仍然能够不厌不倦,他的才能就能超过其他人,而成为闻名天下的伟大学者。这就是王夫之所说的积渐不息,积渐成才的本意。

四、不怕得罪先儒,推故而图新

王夫之是我国封建社会一位伟大的唯物主义哲学家。他所建立的唯物主义哲学体系,已经达到了当时可能达到的高峰。"综罗百代",虚心继承前人的优秀成果;冲破传统,勇于和善于创新,这是王夫之基本的治学态度,用他自己的话来概括,叫做不怕"得罪于先儒",敢于"推故而别致其新"[3]。

王夫之的哲学体系是在清算总结程、朱、陆、王的宋明

---

[1] 《思问录·内篇》。
[2] 同上。
[3] 《周易外传·无妄》。

第十三章　王夫之治学成才的启示对人才的影响

理学的斗争中完成的,他所提出的一些哲学思想大都与程、朱、陆、王的理学观点针锋相对。首先,他正确地论述了精神与物质的关系。在我国古代,哲学家们一般用理与气,道与器的关系说明精神与物质的关系,理、道都是指事物发展的规律,气、器是指客观事物。朱熹认为:"天地之间,有理有气。理也者,形而上之道也,生物之本也。气也者,形而下之器也,生物之具也。"[1] 也就是说,理和道是第一性的,根本的东西;气和器则是第二性的、被决定的东西,王夫之批判了这种唯心主义观点,明确指出:"气者,理之依也。"[2] "尽天地之间,无不是气","气外更无虚托孤立之理也"[3]。又说:"天下惟器","无其器,则无其道"[4]。"尽器则道在其中"[5],"据器而道存,离器而道毁"[6]。这就是说,气和器是第一性的,是客观存在的物质;理和道是第二性的,是包含在客观物质之中、由客观物质所产生的。这就与唯心主义划清了界限。

其次,在天理与人欲的问题上,王夫之批判了朱熹等理

---

[1] 《朱子文集》卷五八,《答黄道夫》。
[2] 《思问录·内篇》。
[3] 《读四书大全说》卷一〇。
[4] 《周易外传》卷五。
[5] 同上。
[6] 《周易外传》卷二。

学家提出的"去人欲,存天理"的主张,明确指出:天理、人欲并不是绝对对立的,而是相互统一的,天理即在人欲之中,离开了人欲也就无所谓天理,他说:"人欲之大公即天理之至正"①,"人欲之各得,即天理之大同"②,"饮食男女之欲,人之大共也。"③王夫之认为,饥餐渴饮,男女相爱,这是人人所共有的欲望,只有满足了人们的这种欲望,才有天理可言。

第三,在历史观上,王夫之批驳了理学家所宣扬的一代不如一代的历史退化论,明确指出历史是不断进步的,夏、商、周三代胜于远古,秦汉胜于夏、商、周。他还从历史发展的角度肯定了秦始皇完成中国统一的历史功绩,称赞秦始皇废分封、实行郡县制、加强中央集权是"势之所趋","郡县之制垂二千年,而弗能改"④,正说明它符合历史的发展规律。他批判了儒家保守落后的观点,主张"趋时更新",主张"法后王"⑤,认为每个时代有每个时代的规章制度,前代的制

---

① 《读四书大全说》卷三。
② 《读四书大全说》卷四。
③ 《诗广传》卷二。
④ 《读通览论》卷一,《秦始皇》。
⑤ 同上。

度不能适应后代的情况,因此必须根据当时的实际进行改革。

　　总之,王夫之不愧为一位思想深刻的哲学家,无论在本体论、辩证法、认识论以及历史观等方面,他都提出了许多光辉的理论命题,纵观中外历史上一切朴素唯物主义流派,都没有达到王夫之的水平,因此我国当代著名的哲学家任继愈先生评论说:"王船山思想的可贵之处,是他勇于和善于创新,他自称'六经责我开生面',多方面地发展了中国古代学术思想。他所建立的朴素唯物主义体系,在中国思想史上是杰出贡献。"①

五、一腔孤忠,发愤著述

　　王夫之是明末清初著名的思想家,又是一个具有高尚节操的爱国志士。他身陷逆境,但却坚贞不屈,奋发有为,仍然对中华民族做出了卓越贡献。

　　明中央政权被推翻后,清军入关,争夺中原,王夫之曾在衡阳组织抗清斗争。他"顾念累朝养士之恩,痛悯宗社覆亡之祸,诚知时势已去,独慨然出而图之,奋不顾身,其志

---

① 任继愈《伟大的唯物主义者王船山》,见湖南人民出版社出版:《王船山学术思想讨论集》。

可悲也"①。斗争失败后,他曾到桂王政府做官。清军进入桂林后,"先生知势愈不可为,遂决计林泉矣"②,于是他决计归隐山林。由于清朝的追捕迫害,他曾变姓名,换装束,四处逃亡,隐匿在湘西地区的苗瑶山洞里,自称瑶人。"最后归游石船山,以其地瘠而僻,遂自岳阳迁焉,筑土室名曰'观生居'。晨夕著书,萧然自得"③。"自明统绝祀,先生著书凡四十年而终。先生之未没也,盛名为湖南之冠"④。三藩之乱时,吴三桂在衡阳称帝,其党羽曾建议由王夫之起草"劝进表",王夫之不肖于与这些民族败类为伍,坚决予以拒绝,"遂逃入深山"⑤。三藩之乱被平定后,清廷又派"郡守崔某馈粟帛请见。先生以病辞,受其粟,返其帛"⑥。他一直拒绝与清朝合作,名义上是以旁观者的姿态观察人生,实际上却是将一腔孤忠注于笔墨之间,发愤著述,认真总结历史的经验和教训。直到临终前,他还没有改变反清爱国的立场,拒绝剃发做顺民,"完发以终",并亲自为其墓碑题

---

① 潘承洛《船山先生传》见同治四年刊《船山遗书》本卷首。
② 同上。
③ 同①。
④ 同①。
⑤ 同①。
⑥ 同①。

第十三章　王夫之治学成才的启示对人才的影响

写了八个大字："明遗臣王夫之之墓。"在墓志铭中他还写下了这样两句话："抱刘越石之孤忠，而命无从致；希张横渠之正学，而力不能企。"[①]"刘越石"即晋朝的刘琨，"张横渠"即宋朝的张载。王夫之认为他的一生像刘琨一样立志恢复汉族的统治，只是力不从心，无可奈何。因此只好以张载为榜样，实事求是地做学问，力求能对国家、对人民有所贡献，但又很难达到张载的水平。实际上，王夫之的民族气节，一腔孤忠，丝毫也不亚于刘琨；而他的学问、著述也已超越了张载，他将我国古代的朴素唯物主义推向了一个新阶段。

王夫之一生著述甚丰，几乎涉及文、史、哲等各个领域，按过去的经、史、子、集四部分类，王夫之的著作也是四类皆备，其中经部有二十七种，包括《周易内传》《周易外传》《书经稗疏》《诗经稗疏》《礼经稗疏》《春秋稗疏》《四书训义》等；史部六种，包括《读通鉴论》《宋论》《永历实录》等；子部二十种，包括《老子衍》《庄子解》《张子正蒙注》《楚辞通释》《姜斋文集》《李诗评》《杜诗评》等。以上经、史、子、集四部，其中有些不知卷数，尚有三百八十卷，八百多万字。

清朝乾隆年间，王夫之的许多著作都被收入《四库全书》

---

① 潘承洛《船山先生传》见同治四年刊《船山遗书》本卷首。

之中，而且给予了很高的评价，如《四库全书总目》卷六《周易稗疏提要》说：此书"言必征实，义必切理，于近时说《易》之家，为最有根据"。《四库总目》卷十二《书经稗疏提要》说：此书"驳苏轼传及蔡传之失，则大抵辞有根据，不同游谈。虽醇疵互见，而可取者较多焉"。《四库总目》卷十六《诗经稗疏提要》则说："是书皆辨正名物训诂，以补《传》《笺》诸经之遗。……皆确有依据，不为臆断。"

王夫之在国破家亡之后，浪迹荒山，身居瑶洞，在极其艰难困苦的环境中生活，始终坚持民族大义，卓然自立，发愤著述，著书如此之多，治学范围如此之广，学术水平如此之高，这在中外历史上都是罕见的。他不愧为一位善处逆境、有所作为的学者，不愧为一位值得后人景仰的志士。

第十四章　康、雍、乾的人才思想和用人政策

自公元1662年康熙即位，至1796年乾隆让位，这135年是康熙、雍正、乾隆在位的时期。当时经济发展、社会稳定、政治修明、边疆肃清，确实不愧为清朝的鼎盛阶段。这一局面之所以出现，与康、雍、乾的人才思想和用人政策有直接关系。

一、否定天才论，重视学习、实践

人是生而知之，还是学而知之，这是自古以来争论不休的一个问题。康熙结合自己的实践体会，反复向大臣和子弟们强调：人的知识和才能并非先天就有的，关键在于勤奋学习，不断实践。

有一次,群臣称赞康熙知识渊博,是"由天授,非人力可及"。康熙立即予以批驳:"如此称誉朕,转掩却朕之虚心勤学处矣。尔等试思,虽古圣人,岂有生来即无所不能者,凡事俱由学习而成。务学必敬慎为本,朕之学业皆从敬慎中得来,何得谓天授非人力也。"①他不喜欢群臣吹捧他为圣明天子,不相信董仲舒鼓吹的"天人感应"学说,曾对群臣说:"朕之生也,并无灵异,及其长也,亦无非常。""惟日用平常,以实心行实政而已。"②

正是从这一思想出发,康熙才多次教导宗室、八旗子弟和国子监诸生"宜加勤学","躬修实践"。他说:"朕于骑射、哨鹿、行猎等事皆自幼学习,稍有未合式处,侍卫阿舒默尔根即直奏无隐。朕于诸事谙练者,皆阿舒默尔根之功,迄今犹念其诚实忠直,未尝忘也。""朕所以屡谕尔等者,以尔等年少,宜加勤学。凡事未有学而不能者。朕亦不过由学而能,岂生而能者乎!"③公元1702年,他专门写了一份《御制训饬士子文》,告诫诸生不仅要刻苦学习,还要亲身实践:"尔诸生幼闻庭训,长列宫墙,朝夕诵读,宁无讲究,必也

---

① 《康熙政要》。
② 《清圣祖实录》卷二七五。
③ 王先谦《东华录》,康熙卷二一。

躬修实践。"如只能读圣贤书，却不行圣贤事，"苟行止有亏，虽读书何益"①。他认为"学问无穷，不在徒言，要惟当躬行实践，方有益于所学"②。一个人勤学好问，才能"闻见博而知益明"；努力实践，才能"德日起而大有功"，"此诚为学之要也"③。康熙还进一步指出：只要勤学苦练，人人可以为圣贤："古所谓圣贤，皆与人无异，故学尧则可至于尧，学舜则可至于舜。能忠则为忠臣，能孝则为孝子。"④康熙既重视对子弟的教育，又重视对诸生的培养和军士的训练，正是为了通过学习、实践造就一批地主阶级的圣贤和忠臣孝子，借以巩固自己的统治。

二、关于人才选拔的思想与政策

（1）"为政全在得人"

康熙曾多次强调："为政全在得人。"⑤"国家以用人为

---

① 《清圣祖实录》卷一〇八。
② 《清圣祖实录》卷六七。
③ 《清圣祖实录》卷五五。
④ 《康熙政要》。
⑤ 《清圣祖实录》卷八三。

219

要。"①他既重视法律、制度的作用,更重视人才的作用。公元1673年,康熙在策试天下贡士时他就提出了一个著名的观点:"有治人,始有治法;行实政,必有实心。"②他认为法律、制度是由人制定的,也是由人去执行、维护的。只有得到一批有真知灼见的人才,才能制定出合乎国情民意的良法;而执法之人只有忠于职守、奉公守法,实心为政,才能把法制贯彻下去。假如官吏们"借端营私,巧为掩饰,或推诿卸过,冀免处分;或徇疵情面,曲为弥缝,凡行一事,每滋弊端",虽有"良法美意",也会"滞未下究",甚至根本违背"立法实意"③。因此他反复强调:"治国家者,在有治人,不患无治法耳。"④甚至说:"从来有治人,无治法。为政全在得人,人臣事君全在辨心术之公私。"⑤在这里,康熙片面强调了人治的作用,忽视了法治的作用,但他强调为政在得人,强调官吏要"公而忘私,国而忘家,和衷协恭,实尽职业"⑥,对于澄清吏治,维护封建统治还是有很大意义的。

---

① 《康熙政要》。
② 《清圣祖实录》卷四一。
③ 《清圣祖实录》卷七三。
④ 同②。
⑤ 《清圣祖实录》卷四四。
⑥ 同②。

雍正继承了康熙的思想，也十分重视人才的作用。他曾在鄂尔泰的一份奏书上写下了一条批语："治天下惟以用人为本，其余皆枝叶事耳。"① 同时又对大臣说："从古帝王之治天下，皆言理财、用人，朕思用人之关系，更在理财之上，果任用得人，又何患财之不理，事之不办乎？"② 他把"用人"当作治天下的头等大事，认为不能把"用人"与"理财"相提并论，只要"任用得人"，任何事情都能迎刃而解，"理财"及枝叶之事自然不在话下。因此他非常注意选拔中央高官和地方大员，曾在署理江苏巡抚尹继善的奏折上写道："朕之责任，不过擢用汝等数员督抚而已。"③

（2）德与才的关系

康熙用人强调"德"，他说："论才则必以德为本，故德胜才谓之君子，才胜德谓之小人。"④ 又说："朕观人必先心术，次才学。心术不善，纵有才学何用？"⑤ 他所说的"德"即程朱理学所强调的封建伦理道德，因此他对朱熹推崇备至，

---

① 《朱批谕旨·鄂尔泰奏折》，雍正四年八月初六日折朱批。
② 《上谕内阁》，雍正四年六月二十八日谕。
③ 《雍正朝起居注》，三年四月十六日条。
④ 《康熙政要》。
⑤ 同上。

认为"朱子，集大成而绪千百年绝传之学，开愚蒙而立亿万世一定之规"[1]，人们只有按照朱熹的说教去为人处世，才符合"德"的要求。为此，他提拔重用了一批理学名臣，如魏象枢、魏裔介、汤斌、熊赐履、李光地、张伯行等，他们既是朝廷大臣，又是理学大师，经常与康熙讨论如何以德治天下。正如《清史稿》所说："圣祖崇儒重道，经筵讲论，孜孜圣贤之学，朝臣承其化，一时成为风气。"[2]

雍正的选才标准与康熙不同，他主张去庸人用才干。"凡有才具之员，当惜之，教之"。"卿等封疆大臣，只以留神用才为要。庸碌安分，洁己沽名之人，驾驭虽然省力，唯恐误事。但用才情之人，要费心力，方可操纵"[3]。鄂尔泰进一步论证了如何对待有才之人与忠厚老成者的问题："忠厚老成而略无才具者，可信而不可用；聪明才智而动出范围者，可用而不可信。朝廷设官分事，原以济事，非为众人藏身地，但能济事，俱属可用，虽小人亦当惜之，教之；但不能济事，俱属无用，即善人亦当移之，置之。"雍正对这一意见十分

---

[1] 《榕树语录续集》卷七。
[2] 《清史稿》卷二六二。
[3] 《朱批谕旨·鄂尔泰奏折》，雍正四年八月初六日折朱批。

欣赏，称赞说："实可开拓人之胸襟。"① 正是根据这一思想，雍正朝选拔重用了一批有才能有作为的人，鄂尔泰、张廷玉、岳钟琪、田文镜等就是其中的突出代表。

（3）任官制的部分调整

清朝的任官制度沿袭明制，但也有部分调整。比如科甲入官：科举得中进士为甲科，得中举人为乙科，统称科甲。科甲入官都算正途，但举人授官需再参加考试，考试合格者授推官、知州、知县、通判等职，称为拣选。顺治时规定，举人拣选，以曾经参加会试三科者为限。以后屡有更改，康熙时规定，远省不拘科分，直隶等近省仍限三科。有愿就教职或年老力衰者，准就教职，任为州学正、县教谕等。乾隆时，因许多举人无升官之路，规定可在会试后挑选落第举人，引见录用，称为大挑。从乾隆三十一年（公元1766年）开始，以后每六年举行一次，挑选三科以前中式的举人。从此举人任官的机会增多，因此在清前期曾有六十二位举人出身的人升为侍郎，占侍郎总数的8%左右。

清制规定，官吏出身有八，即进士、举人、贡生、荫生、监生、生员、官学生、吏。按出身不同，授官的等级有明显

---

① 《朱批谕旨·鄂尔泰奏折》，雍正四年十一月十五日。

差别。"科甲进士,高自位置;他途进者,依附从人"[1]。而"科目尤重翰林,卜相非翰林不与"。"自康、雍以来,名臣大儒多起翰林"[2]。其他出身的人很难进入这一层次。雍正对这种制度有不同看法,曾对内阁成员说:"国家用人,但当论其贤否,不当限以出身。朕即位以来,亦素重待科甲,然立贤无方,不可谓科甲之外遂无人可用,倘自恃科甲而轻忽非科甲之人,尤为不可。自古来名臣良辅,不从科甲出身者甚多。而科甲出身之人,亦屡见有荡检逾闲者。"[3]因此雍正曾重用监生出身的田文镜等,使其成为一代名臣,同时又有意压抑了一些科甲出身的人。

清朝任官、升官的途径还有特简、会推、荫袭、荐举和捐纳等。正常的升官主要靠资格和年劳,特简、会推和荐举则可以突破原来的限制,其中有才、有功或为官清廉者都可破格提拔。如康熙二十三年(公元1684年),"命廷臣察举廉洁官"。雍正四年(公元1726年),"诏诸行省举贤能吏"。乾隆时也多次下令,命廷臣密举贤能。尤其是雍正用人敢于打破旧的传统,因此他曾反复强调要不拘成例、不拘资格推

---

[1] 何士祁《候补二十一则》,见盛康编《皇朝经世文编续》卷二五,《吏政八》。
[2] 朱克敬《暝庵二识》卷二,见《笔记小说大观》第六册。
[3] 《上谕内阁》,雍正四年七月十三日谕。

第十四章　康、雍、乾的人才思想和用人政策

荐人才。他说："朕用人原只论才技，从不拘限成例。"①又说："唯期要缺得人，何论升迁之迟速，则例之合否耶！"②只要其才可用，不必考虑是否科甲出身、任官资历以及是满是汉，这就是他所说的不拘成例。"如遇有为有守贤能之员，即行越格保题，以示奖励。如此则官吏欢而民心悦，地方有不改观者乎"③？公元1724年，他让布政使田文镜推荐能胜任这种职务的人，说："朕从来用人，不悉拘资格，即或阶级悬殊，亦属无妨。"④他甚至准许推举府县官吏为总督、巡抚，急切地希望将有才能的人破格提拔上来。并规定，推荐人才只看品行才能，"即亲戚子弟不必引避"。在清朝的皇帝中，雍正称得上是一个最敢破格用人的人。当然，他的父亲康熙、儿子乾隆虽不像他这样激进，但也曾破格提拔过一些人。如汉族儒生高士奇，贫穷潦倒，徒步到京师，"秃笔破砚，坐护国寺廊下，卖字糊口"⑤，因为写得一笔好字，被明珠等人发现，向康熙推荐。康熙破格提拔他补翰林，入

---

① 《朱批谕旨·石麟奏折》，雍正十年九月二十五日。
② 《朱批谕旨·田文镜奏折》，雍正八年五月初六日。
③ 《朱批谕旨·杨宗仁奏折》，雍正元年三月初九日。
④ 《朱批谕旨·田文镜奏折》，雍正二年九月初三日。
⑤ 汪景祺《读书堂西征随笔·张玕祖泽深之狱》。

南书房供奉，后来官至礼部侍郎，成为一代名臣。

荫袭是指有功官员或因公殉难官员，可由一名子弟按规定任官；王公贵族的子弟也可按规定因袭。这是根据血统授官、酬报功臣的一种制度。这些荫袭得官者一般都忠于清王朝，其中也会出现一些人才，但从根本上看不利于人才的选拔。

捐纳是清朝的捐官制度，这一制度的危害更大。顺治初年规定：士子可以"纳粟入监"，但不能做官。后来被革职的官员，"分别纳粮，许其开复原来官职"[1]。康熙十三年（公元1674年），因平定三藩之乱军费不足，定出标准允许人们捐纳任官，美其名曰："搜罗异途人才，补科目所不及。"三年内收入二百余万两白银，捐纳知县五百多人[2]。雍正时，除道府不准捐纳外，以下各官均可捐纳，并扩大到武职。乾隆时，文官可捐至道、府、郎中，武官可捐至游击，贡、监生更可用钱捐得。捐纳的推行，为地主、商人做官大开方便之门，但却使官僚队伍迅速膨胀，官吏更加贪污腐化。清朝末年，捐纳制日益泛滥，只要能拿出银钱，无官者可以得官。有官者可以升官，犯罪者可以免罪，革职者可以复官，于是

---

[1] 叶梦珠《阅世篇》，上海掌故丛书第一集。
[2] 《清史稿》卷一一二，《选举志七》。

有财者弹冠相庆，平民百姓却倍受熬煎，清朝的官场丑闻百出，日益黑暗。正如冯桂芬所指出的那样："捐途多而吏治益坏，吏治坏而世变益亟，世变亟而度支益蹙，度支蹙而捐途益多，是以乱召乱之道。"[①] 因为有财者未必有才，买官者往往无德，缺德少才之人盘踞官位，国家焉能不乱。

三、关于人才考核、管理的主张和政策

（1）康熙察吏安民的主张和政策

清朝对现任官吏的考核，仍沿用明制，分为京察、大计、军政等。京察即考察京官，大计即考察外官，都是三年一次。军政是考察武官，五年一次。地方总督巡抚，军队提督、总兵，京官三品以上自陈政事得失，上报朝廷，由皇帝裁定。其他地方官由督抚注考造册，送吏部复核；其他京官由部院长官考核；武官由督抚、提督填注考语，俱造册开送吏部、都察院。才守俱优者，举以卓异，按例升赏；劣者劾以六法：不谨、疲软者革职，浮躁、不才者降调，年老、有疾者休致，

---

① 冯桂芬《校分庐抗议》。

贪酷不法者特参治罪①。

　　康熙认为"治道有三，曰任官、信赏、必罚"，此"万世不易"之理②。而欲任官得当、赏罚合理，关键在于考核。因此康熙十分注意考核工作。为弥补原来考察制度时间过长，考核太粗，以及互相包庇的缺陷，康熙于大计、军功之外，另行"两年举劾"，由地方军政长官举劾属下功过，分别奖惩。对京官则实行"注册考核"，掌握官吏出勤情况，"以凭分别勤惰"③，"有告病回籍者，悉令休致"④。另外还实行亲察，地方文武大员离京赴任，须向皇帝告别，称陛辞。康熙有针对性地同他们研讨有关问题，提出施政方针；上任后仍不定时召见，进行当面考察。委任州县官员、地方武官，赴任前，康熙亦令引见。"亲验补授"，发现庸劣之员"罢斥之"⑤。他还通过审阅奏疏，及时发现其中的问题，赏功罚罪。康熙出巡，也以了解民情、察访吏治为经常性任务。如第一次南巡，驻江苏宿迁，发现漕运总督邵甘问题严重，将其撤职。第二

---

① 《清史稿》卷一一一，《选举志六·考绩》。
② 《清圣祖御制文集》二集卷三八，《杂著·司马光论》。
③ 《清圣祖实录》卷一一四。
④ 《清圣祖实录》卷二五八。
⑤ 《清圣祖实录》卷一八九。

次南巡,也任免了一批高级官吏。他认为通过人民的反映了解一个地方官的贤否,是一个好办法,"凡居官贤否,惟舆论不爽。果其贤也,问之于民,民自极口颂之;如其不贤,问之于民,民必含糊应之。官之贤否,于此立辨矣"[1]。

为了充分发挥监察机构和科道官员的作用,康熙改变了顺治朝至他亲政初期实行的禁止"风闻言事"的规定,一再放宽对科道官的限制,广开言路。如允许科道官赴畅春园面奏;所言不限大事小事;言有不当,言官不坐罪;严禁被参之人报复等。正是在这种情况下,山西道御史陈紫芝才根据风闻的材料,揭发了湖广巡抚张汧的贪污问题,并提出保举之人可能受贿。此案涉及大学士明珠,由此引出明珠一系列问题。御史郭秀纠劾明珠、余国柱等背公结党,纳贿营私。于是经过调查核实,明珠的问题充分暴露,被康熙撤职,受到了应有的处分。

为了进一步了解各级官吏的情况,及时发现问题,康熙允许某些官员"密折言事",即将自己了解的情况直接上奏皇帝,"凡一切奏折,皆朕亲批"[2],并严格保密,批后退

---

[1] 《清圣祖实录》卷二〇一。
[2] 《清圣祖实录》卷二七〇。

还本人。其中包括差遣各地的办事官员的密报，钦差大臣的专折密奏，大臣督抚、提督、总兵官的密奏等。康熙得到密奏后，往往派人核实，然后再采取处罚措施，这对于澄清吏治也发挥了一定作用。

康熙将考察的重点放在高级官员的考察上，他认为："大臣为小臣之表率，京官为外吏之观型，大法则小廉，源清则流洁，此从来不易之理。"①又说："民生安危视吏治，吏治贪廉视督抚。"②"民生不遂，由于吏治不清。长吏贤，则百姓自安。"③因此他规定：凡督巡司道官员与在京大臣各官，行贿与受贿者俱革职。如他发现"河工诸臣"，"徒费钱粮"，追查出工部自尚书、侍郎至分司官员是个大贪污集团，于是分别予以惩处。

康熙考核官吏还注意围绕政治斗争进行，如他亲政初期，重点是清除鳌拜集团的影响，针对鳌拜荐劾不公的问题，特诏举行察典，对京官三品以上及地方督抚"详加甄别"④，革职、降级、休致在京满汉官八十三人。平定三藩之乱后，

---

① 《清圣祖实录》卷九〇。
② 《清圣祖实录》卷三〇。
③ 《康熙起居注》册一，第八四页。
④ 《满洲名臣传》卷五五。

第十四章 康、雍、乾的人才思想和用人政策

重点处理侵蚀兵饷及入官财物的重大贪污案件，先后查出了侍郎宜昌阿、广东巡抚金儁贪污逆产案，绥远将军总统绿营兵蔡毓荣贪污吴三桂逆产案。打败噶尔丹后，考察官吏的重点放在反横征科派，激变百姓的问题上，为此撤换了山、陕、甘巡抚及部分布政使、按察使。

但鉴于顺治末年对贪污处罚极重，贪赃十两即处死刑，大小官员结伙抵制，相互包庇掩护的历史教训，康熙察吏的重点放在奖廉上，"以奖励廉洁为要"①。他先后树立了几个清官的典型，如江南、江西总督于成龙，左都御史、河道总督小于成龙等。而对于犯罪的大臣，一般都从宽处理。康熙对朱元璋等杀戮功臣十分不满，曾公开申明不杀功臣，即使臣下犯罪也应宽大。他说："待臣下须宽仁有容，不因细事而黜之，所以体群工也。用人随才器使，无求全责备之心，盖以人才有不齐也。"② 又说："朕自幼读书，见大臣多不能保其初终，故立志待大臣如手足。不论满汉蒙古，非大奸大恶、法不可容者，皆务保全之。"③ 正是在这种思想指导下，他对明珠只革去大学士职务，仍让其担任卫内大臣；对侵欺

---

① 《清圣祖实录》卷一九一。
② 《康熙政要》。
③ 同上。

库银九万余两的广西巡抚郝浴，竟以过去"洁己奉公""清廉爱民"为理由，"从宽悉免追取"①；对侵银六十四万余两的户部官员集体贪污案，只处理了户部尚书一人，亦仅革职而已，其余受贿者，只限期退赔，不予议处。这种网漏吞舟、宽大无边的政策，导致了康熙晚年吏治的败坏。

（2）雍正整顿吏治，严禁朋党

康熙后期，官吏贪污，钱粮短缺，国库空虚，历年户部库银亏空数百万两，藩库钱粮亏空数十万，地方亏空钱粮数目也很大。雍正认为，各地亏空钱粮，不是受上司勒索，就是自身侵渔，都是非法的。于是他决定通过清理亏空，惩办贪官，整顿吏治。雍正元年（公元1723年），他在中央成立了会考府，由怡亲王允祥、舅舅隆科多、大学士白潢、尚书朱轼会同办理。他明确表示"朕今不能如皇考宽容"②。要求允祥等严格推行清查政策："尔若不能清查，朕必另遣大臣；若大臣再不能清查，朕必亲自查出。"③经过几年清查，发现户部亏空银二百五十万两，雍正责令户部历任堂官、司

---

① 《清圣祖实录》卷二五二。
② 《上谕内阁》，雍正元年正月十四日。
③ 《上谕内阁》，雍正二年十一月十三日。

第十四章　康、雍、乾的人才思想和用人政策

官及部吏赔偿一百五十万两，另一百万两由户部逐年弥补①。内务府官员李英贵等冒支正项钱粮百余万两②，雍正下令抄了他的家。地方亏空被革职查封家产的人数更多，其中有布政使、按察使、粮储道、粮道以及巡抚、总督等。赃官一经揭发，雍正就责令他们退出赃银，归还国库，抄没家产。凡是贪官，一经被人告发，就革职离任。对畏罪自杀者加重处理，责令其家属退赔。

为了加强对各级官吏的监察权，雍正采取了台谏合一的措施，将六科给事中归都察院管辖，削弱了六科对上的谏议权，加强了都察院对臣工的监察权。同时向地方派遣了各种类型的巡察御史，巡察农业、手工业、监察地方官吏。并派御史巡察旗务、稽查内务府等。他还把康熙实行的"密折奏事"制度化，规定各省督、抚、提督、总兵官、布政使、按察使、学政高级官员，乃至一些道台及道府同知、副将等中级官员都有权以密折上奏，仅雍正《朱批谕旨》一书所收的奏折撰写人即达二百二十三人，而实际奏折人则多达一千人以上。他用奏折考察地方吏治，表彰或训饬官吏，对澄清吏治起了

---

① 《上谕内阁》，雍正三年八月十三日。
② 《雍正朝起居注》，五年六月十九日条。

一定作用。

　　为了进一步控制各级官吏,加强皇权,雍正颁布了《御制朋党论》,严禁臣下结党营私。他说:自圣祖时起,诸王文武大臣"每分别门户,彼此倾陷,分为两三党,各有私人,一时无知之流,不入于此,即入于彼",至今"此风犹未尽除"。"夫朕用一人,而非其党者嫉之;罚一人,是其党者庇之。使荣辱不关于赏罚,则国法安在乎"!"为人臣者,义当惟知有君,……而能与君同好恶,夫是之谓一德一心而上下交。乃有心怀二三,不能与君同好恶","则皆朋党之习为之害也"。他要求大家:"嗣后朋党之习,务期尽除。尔等扪心自问,不可阳奉阴违,以致欺君罔上,悖理违天。毋谓朕恩宽大,罪不加众,倘自干国法,万不能宽。"[1] 正是在严禁朋党的口号下,雍正将自己的政敌八王允禩集团收拾净尽。随后又处理了协助他夺权的年羹尧、隆科多,史称"年隆之狱",他们的主要罪状也是结党营私,削弱了君权。最后又针对李绂、田文镜互参案,支持监生出身的田文镜,打击以李绂为首的"科甲朋党",相继处罚了科甲出身的李绂、吏部尚书杨名时等人,制定"师生回避"的任官原则,防止科甲官员结党弄权。

---

[1] 《上谕内阁》,雍正二年七月十六日。

（3）乾隆主张忠君为上，作《贰臣传》

乾隆继承了康熙以德为主的人才思想，大力宣扬"君为臣纲"[①]，企图削弱"华夷之分，大过于君臣之义"[②]的汉族传统观念。他不仅对当时官吏的鉴别考核突出了"德"的要求，提拔重用理学名臣、忠臣孝子，而且用这一标准要求明末清初的群臣，先后令人编辑了《胜朝殉节诸臣录》《逆臣传》和《贰臣传》等书。

他把明末诸臣分为"尽节""降附""降后复叛"三大类。首先充分肯定了明末殉节诸臣的历史地位，称赞史可法"支撑残局，力矢孤忠，终蹈一死以殉"；刘宗周、黄道周，"临危授命，均足称一代完人"，将他们列入《胜朝殉节诸臣录》。其目的是"崇奖忠贞，所以风励臣节"[③]。而对于明末群臣投诚本朝者，如洪承畴、尚可喜、孔有德、刘良臣等，他们有的投降后遇难殉节，有的投诚后著有勋绩，有的投诚后略有劳绩，有的投诚后曾经获罪，但他们无论对本朝有功有罪，对明朝来说却是"大节有亏之人"。因此乾隆认为"不能念其建有勋绩谅于生前，亦不能因其尚有后人原之既死。今为

[①] 《礼记·乐礼》孔颖达疏。

[②] 《大义觉迷录》附录，曾静《归仁说》。

[③] 《清高宗实录》卷九九六，乾隆四十年十一月癸未。

准情酌理，自应于国史内另立贰臣传一门。"① 于是这些人统统被列入《贰臣传》。至于吴三桂、耿精忠、姜瓖、王辅臣之流则是属于降后复叛之人，此等人反复无常，连贰臣都不如，因此乾隆主张"特立逆臣传，另为一编，庶使叛逆之徒不与诸臣并登汗简，而生平秽迹亦难逃斧钺之诛"②。

乾隆通过对明末诸臣的褒贬，向臣子和后人揭示了一条为臣的准则：为臣者应该"励名教而植纲常"③，做一个临危授命、抗节捐躯的忠臣，而不要做那种"畏死幸生，腆颜降附"④的贰臣，更不要做那种反复无常、三心二意的逆臣。这是乾隆鉴别臣子的一个最重要的政治、道德标准。

---

① 《清高宗实录》卷一〇二二，乾隆四十一年十二月庚子。
② 《清高宗实录》卷一三四四，乾隆五十四年十二月庚申。
③ 同上。
④ 同②。

出版后记

中华文明源远流长。在漫长的历史岁月中，我们中华民族创造了辉煌灿烂的文化成就，践行着自己朴素而真诚的人生和社会理想，追寻着具有鲜明特色的伦理价值和审美境界，展示出丰富、生动、深邃的思想智慧。在很长一段时间内，中国文化在世界文明体系中居于领先地位，其影响力和感染力无比强大，从而在铸就中华民族独特灵魂的同时，也为人类文明的发展和进步作出了重要的贡献。

明清之际，由于复杂的原因，中国社会没有能够有效地完成转型，逐步走向封闭和衰落。鸦片战争的失败，更使中国面临数千年未有之变局，使中华民族沦入生死存亡的艰难境地。为了救国于危难，当时的仁人志士自觉不自觉地把目光投向西方，投向西学，并由此对中国传统文化进行了激烈的批判。从洋务运动、戊戌变法，一直到五四新文化运动，在近代中国救亡图存的历史语境中，传统文化的观念和形态，常常被贴上落后、愚昧的标签，乃至被指斥为近代中国衰落和灾难的祸根，就连汉字和中医这样与国人生命息息相关的文化形态，也受到牵连和敌视，被列入需要废除的清单。对本民族文化的这种决绝态度，在世界各民族的历史上都是罕见的，它既反映了我们中华民族创新发展的非凡勇气，也从一个重要侧面，印证了中华传统文化的顽强和深厚。

今天，历史已经走进21世纪，我们中华民族经过不懈的努力和奋斗，迎来了快速发展的良好机遇，国家强盛、民族复兴的曙光就在前方。在这样的时候，在这样的历史背景下，重温我们民族的辉煌、艰难历史，重新认知我们民族的优秀文化和高贵传统，不仅是一种自然的趋势，也是一项庄严的历史使命。理由很简单，我们中华民族要在全球化的背景下真正实现伟大复兴，必须具有足够的凝聚力和创造力，必须具有强烈的自尊心和自信心，而这一切，离不开对本民族优秀文化基因的认同和感念，离不开对优秀传统的继承和弘扬。从这个意义上说，中国传统文化是不绝的源泉，是清新而流动的活水。我们组织出版《中国文化经纬》系列丛书，正是为了汲取丰富的精神滋养，激发我们前行的力量。

本书系计划出版100卷，由著名的中国文化书院组织编

出版后记

写,内容涵盖中国传统文化的各个方面和层级,涉及文学、历史、艺术、科学、民俗等多个领域,力求用通俗易懂的语言,用较少的篇幅,使广大读者对中国历史文化有较为全面的认识,对中国精神和中国风格有较为深切的感受。丛书的作者均为国内知名专家,有的是学界泰斗,在国内外享有盛誉,他们的思想视野、学术底蕴和大家手笔,保证了丛书的学术品质和精神品格。

这是一套规模宏大、富有特色的中国传统文化读本,这是专家为同胞讲述的本民族的系列文明故事,我们期待您的关注和阅读,也等待您的支持和批评。

中国书籍出版社

2015 年 9 月

中国文化经纬·第一辑

从黄帝到崇祯：二十四史 / 徐梓 著
华夏文明的起源 / 田昌五 著
孔子和他的弟子们 / 高专诚 著
老子与道家 / 许抗生 著
墨子与墨学 / 孙中原 著
四书五经 / 张积 著
宋明理学 / 尹协理 著
唐风宋韵：中国古代诗歌 / 李庆 武蓉 著
易学今昔 / 余敦康 著
中国神话传说 / 叶名 著

中国文化经纬·第二辑

敦煌的历史与文化 / 宁可 郝春文 著
伏尔泰与孔子 / 孟华 著
利玛窦与徐光启 / 孙尚扬 著
神秘文化的启示：纬书与汉代文化 / 李中华 著
中国古代婚俗文化 / 向仍旦 著
中国书法艺术 / 陈玉龙 著
中国四大古典悲剧 / 周先慎 著
中国图书 / 肖东发 著
中国文房四宝 / 孙敦秀 著
中印文化交流史 / 季羡林 著

中国文化经纬·第三辑

先秦名家研究 / 许抗生 著
中国法家 / 许抗生 著
中国古代人才观 / 朱耀廷 著
中国吉祥物 / 乔继堂 著
中国科举考试制度 / 张希清 著
中国人的时间智慧：一本书读懂二十四节气 / 张勃 郑艳 著
中国人生礼俗 / 乔继堂 著
中国文化在朝鲜半岛 / 魏常海 著
中华理想人格 / 张耀南 著
中华水文化 / 张耀南 著